国家社会科学基金项目成果

项目编号：15CSH046

项目名称："制度适应理论"视野下的征地补偿冲突及其解决机制研究

｜光明社科文库｜

中国征地问题与对策研究

基于制度适应的考察

连宏萍◎著

光明日报出版社

图书在版编目（CIP）数据

中国征地问题与对策研究：基于制度适应的考察 /
连宏萍著 . -- 北京：光明日报出版社，2023.3

ISBN 978－7－5194－7142－2

Ⅰ.①中… Ⅱ.①连… Ⅲ.①土地征用—土地制度—
研究—中国 Ⅳ.①F321.1

中国国家版本馆 CIP 数据核字（2023）第 065769 号

中国征地问题与对策研究：基于制度适应的考察
ZHONGGUO ZHENGDI WENTI YU DUICE YANJIU：JIYU ZHIDU
SHIYING DE KAOCHA

著　　者：连宏萍

责任编辑：杨　茹　　　　　　　责任校对：杨　娜　李佳莹

封面设计：中联华文　　　　　　责任印制：曹　净

出版发行：光明日报出版社

地　　址：北京市西城区永安路 106 号，100050

电　　话：010-63169890（咨询），010-63131930（邮购）

传　　真：010-63131930

网　　址：http：//book. gmw. cn

E - mail：gmrbcbs@ gmw. cn

法律顾问：北京市兰台律师事务所龚柳方律师

印　　刷：三河市华东印刷有限公司

装　　订：三河市华东印刷有限公司

本书如有破损、缺页、装订错误，请与本社联系调换，电话：010-63131930

开　　本：170mm×240mm

字　　数：149 千字　　　　　　印　　张：13.5

版　　次：2023 年 3 月第 1 版　　印　　次：2024 年 1 月第 1 次印刷

书　　号：ISBN 978－7－5194－7142－2

定　　价：85.00 元

前　言

当前，我国进入快速城镇化时期，大量人口从农村涌入城市，城市土地供不应求的现象日益凸显，土地征收成了城市建设用地供给的重要渠道。在现有城乡土地二元体制下，农村集体土地不能直接进入市场，政府需先征用，再进行开发出让。但征地过程中公权与私权之间的交锋以及巨额征地补偿款的分配常常引发征地冲突，暴发群体性事件，不仅影响干群关系，还会对社会和谐与稳定造成极大的负面影响。因此，如何减少和化解征地冲突是学界关注的重点，也是身处土地征收执行一线的基层政府面临的重大挑战。这也是本书中要解决的关键问题。

征地冲突作为社会冲突的一种突出现象，其诱发原因及治理路径深受学界关注。现有文献要么从规范视角在当前的征地制度文本当中寻找导致征地冲突的原因，要么从征地冲突的利益相关者出发，展现各相关主体的利益博弈过程，尤其是"弱势"农民的维权行动，前者关注制度文本，后者关注实践场景，但是缺乏制度与情境二者之间的交互性，难以全面、系统地揭示征地冲突及其建立解决机制，渐陷研究和实践瓶颈。制度适应理论（Institutional Fit Theory）恰好能够解决这一研究缺陷。

在后建构主义潮流的影响下，制度应是一个具备内部一致性和广泛性的概念，既包含制度作为正式和非正式规则体系的内涵，也包含制度作为动态平衡的行为或惯例的模式，制度是由文本和情境共同组成的。由于制度存在一致性要求，为了使普遍的制度文本与特定的地方情境相适应，需要政策参与者进行即兴创作，在初始制度文本的基础上重新塑造一个更符合当地需求和能力的政策形态。在此基础上，制度适应理论兼具了"自上而下"的政策制定与"自下而上"的政策执行的视角，不仅仅关注文本层面的意义，还涵盖了社会情境当中的实践体验，非常适用于解释复杂的征地冲突现实。征地工作有着明确的程序性规定，但是不同征地项目受到当地特殊的经济环境、社会结构、生活习惯等因素的影响，被征收对象的诉求各异，从制度文本与地方情境的张力中探寻征地冲突的化解路径，构成了本书的研究脉络。

本书共分为四大篇章。第一篇是征地冲突的脉络，征地冲突伴随着整个中国城镇化进程，本篇从现实和文献中对征地冲突的不同维度进行梳理，此为本书的研究基础。第二篇是制度适应的逻辑，制度适应对政策分析意味着什么，制度适应的分析框架如何建构，本篇从纵向的政策分析理论线索中搭建制度适应的分析框架。第三篇是地方实践的探索，从两个一手的实证案例中探析，制度适应的解释逻辑跃然纸上。第二个来自长沙的案例相较于第一个来自北京的案例而言，实现了对文本—情境分析框架的静态适用到动态适用的跃升，案例分析为制度适应理论视野下的征地冲突及其化解提供了生动注解。第四篇是冲突化解的路径，基于两个维度的发生机理，提出制度适应视野下的冲突化解路径，并倡导疏导—参与的积极协调模式，实现对征地冲突的良治目标。

征地冲突的形态可能千变万化，本书致力于通过制度适应的视角，打开一扇得以解释征地冲突的小窗口，这大概也只是万千解释中的一种，但对征地冲突这一问题的研究也得以向前迈出一小步。本书的出版感谢国家社科基金的支持，感谢我的工作单位北京师范大学政府管理学院师生们的帮助。

目 录
CONTENTS

第一篇 **01**

|**征地冲突的脉络**|

第一章

征地冲突的现状

当前，中国正处于城市化快速发展的阶段，快速的城市化为中国经济社会的发展提供了重要支撑。截至 2020 年末，中国国内生产总值达到 101.60 万亿元[①]。全国总人口达到 14.43 亿人，其中城镇常住人口 90199 万人，城市化率达到 63.89%。[②] "中国奇迹"的发生很大程度上依赖于城市化的发展。首先是人口上的转变，中国的城市人口从 1980 年的不到全国总人口的 20%，增长到 2020 年总人口的 63.89%。中国的城市化速度在这期间达到了年均 4%，城市人口增加了近十亿人。其次，城市化促进了工业化的进程，为经济发展提供了引擎，如深圳和苏州的工业园区、北京的中关村，然而这些都与征收农村土地不无关系。

处于工业化、城市化急剧转型期的中国，大量的农业用地、农村宅基地转变成城市建设用地，也由此引发了因土地征收所产生的社会冲突问题的热烈讨论。

---

① 国家统计局. 2020 年国民经济和社会发展统计公报［EB/OL］. 新华社，2021-02-27.

② 国家统计局. 第七次全国人口普查公报［EB/OL］. 新华社，2021-06-28.

第一节　征地带来的不确定性问题

土地是农民最基本的生产要素和最可靠的收入来源。随着工业化和城市化进程的加快，失去土地的农民获得了从农民（农村公民）到城市公民的身份转变机会，即便如此，这些"失地农民"（也称"被征地农民"）在失去土地提供的保障后，很可能无法融入城市，无法获得社会福利。这种现象在我国经济转型期普遍存在。与农民工相比，失地农民的特殊性在于，他们不可能既是城市的工人又是农村的农民，相反，他们必须放弃对土地的依赖，从事非农业生产，因此，他们是被迫移民到城市的政策性移民。在中国，城市化水平每提高1%，就有1300万农村居民移民到城市[①]。每一亩土地被征用，就会造成1.4个农民失地[②]。据预测，征用土地在每年250万亩至300万亩[③]的增长速度下，至2030年中国将有1.1亿个失地农民[④]。

土地征收到底会对失地农民的生活造成哪些方面的困境呢？众多学

---

① 中华人民共和国中央人民政府网.科学发展 成就辉煌：城镇化，让百姓生活更美好［EB/OL］.中国政府网，2012-09-04.

② 陈晓宏.失地农民创业的主体性、现实路径及对策研究［J］.中共福建省委党校学报，2005（12）：29-33.

③ 张士杰，杨昌辉.快速城市化进程中失地农民安置问题研究：以皖江城市带江北产业集中区为例［J］.江淮论坛，2013（4）：22-26.

④ 翟年祥，项光勤.城市化进程中失地农民就业的制约因素及其政策支持［J］.中国行政管理，2012（2）：50-53.

者对此进行了广泛而丰富的探讨。陈尔彪[①]基于广东省的 1328 份调查问卷,指出被征地农民遭遇的诸多问题:被征地农民以非正规就业为主,缺乏从业技能;征地对长远生计影响较大;被征地农民的社会保险项目比较单一,保障水平还不高;政府在补偿安置中偏重养老保险问题,对收益共享关注不够;被征地农民的权益诉求超越生存范畴,依然希望维持与土地的密切联系;征地补偿标准不高,征地安置满意度偏低等。梳理相关研究成果可知,被征地农民面临的困境包括补偿、安置、就业、福利、养老、权益、适应性、身份认同及市民化等问题。总的来看,这些问题可以分为两类:一是即时性问题,如补偿、安置的问题;二是可持续性生计问题,如就业、福利、市民化、适应性等问题。

一、即时性问题

(一) 补偿问题

土地征收补偿基于保障人权和公共负担平等的原则,目的是保护公平正义的社会价值。《中华人民共和国土地管理法》(2019 年修订) 明确规定:"征收土地应当依法及时足额支付土地补偿费、安置补助费以及农村村民住宅、其他地上附着物和青苗等的补偿费用。"

关于征地补偿,补偿标准、补偿费分配、补偿方式等是最易出现问题的领域。吴晓洁等人[②]从征地制度运行成本角度入手,通过案例研究

---

① 陈尔彪. 被征地农民安置问题探讨:基于广东省的调查 [J]. 中国行政管理,2012 (6):87-91.
② 吴晓洁,黄贤金,张晓玲,等. 征地制度运行成本分析:以通启高速公路征地案例为例 [J]. 中国农村经济,2006 (2):55-62.

得出：目前政府只考虑到节省征地制度运行过程中产生的直接成本，如征地补偿费等，而对由征地行为引发的额外成本，即间接成本，包括维持成本、救济成本、冲突成本和扶贫成本等考虑不足。征地补偿费用的分配不均也是当前面临的严重问题，除了地方政府、开发商和农村集体三个主体之间的关系与利益协调问题，村集体内部农户之间的纠纷同样十分突出。李菁、颜丹丽①运用访谈法、案例法，以湖南省 G 县某村的两次征地补偿费分配为切口，探讨了分配不均出现的根源和后果，研究表明分配不均不仅会对农民生活造成影响，严重的还会引起冲突，威胁社会稳定。在征地补偿方式上，贺雪峰②通过实地调研，指出不当的补偿方式会导致博弈冲突，长期来看也会导致失地农民的返贫与找补，并不能真正实现补偿的原有目的。林乐芬，葛扬③从福利经济学的角度对失地农民补偿问题进行理论分析，认为对于失地农民的补偿不仅应包括征地补偿的暂时性收入，还应包括失去土地带来的养老保障的保障性收入、再就业收入和进入城市后的心理满足程度的损失和下降，如果这些基本收入来源不能得到保障，失地农民的基本生活就不能得到改善。

（二）安置问题

"安置"本意指"（物的）安放，（人的）安顿"。1950 年《城市郊区土地改革条例》建立的征地制度明确提出，在补偿之外应给"耕种

---

① 李菁，颜丹丽．集体成员权和土地承包收益权的冲突与协调：稳定地权与不稳定地权的对比：以西水村第八村民小组两次征地补偿费分配为例［J］．中国农村观察，2011（2）：26-35，86.

② 贺雪峰．征地拆迁补偿不能片面理解：兼谈平度拆迁补偿案［J］．中国土地，2014（4）：23-25.

③ 林乐芬，葛扬．基于福利经济学视角的失地农民补偿问题研究［J］．经济学家，2010（1）：49-56.

该项土地的农民以适当的安置"。经过多年政策演变和发展，征地安置的相关规定和程序都得到修改和完善，到今天逐步形成了以"货币+社保"为主体，推进农民就业培训，鼓励留地、入股等制度创新的多元安置体系。对于失地农民来说，安置是对他们所需的即时保障性问题的解决方式，但目前国内各地的安置在真正实施过程中仍有层出不穷的问题，使安置无法达到预期目的和效果，如安置不全面，不考虑失地农民合法权益保障和拆迁后的生存保障问题；征地听证环节流于形式；安置措施单一；监督机制不完善等。

宏观上，现有研究主要关注安置制度层面的问题。齐睿等人[①]运用归纳法、演绎法对当前被征地农民安置制度的各方面内容进行了梳理，发现了安置制度的目的、功能、原则、范围等界定不明，以及与安置主体、标准相关的法律规定虽明确但不合理的现象，引发众多安置问题。为此，应在法律层面制定更为详尽准确的补偿安置条例，建立成熟的征地安置联动机制；区别征地补偿纠纷和征地安置纠纷的化调处；构建多元化组合安置体系，确保安置补偿到位等。张士杰、杨昌辉[②]认为必须实现安置对土地的"功能性替代"，研究以江北产业集中区为实例对比分析了货币安置、就业安置、居住安置、留地安置、社保安置、入股安置这六种现有安置方式的优缺点，在此基础上构建了综合安置体系，提出先保障、后补偿、再安置的方式，安置包括就业安置、入股安置、观

---

① 齐睿，李珍贵，李梦洁. 被征地农民安置制度探析 [J]. 中国土地科学，2014，28（3）：39-45.
② 张士杰，杨昌辉. 快速城市化进程中失地农民安置问题研究：以皖江城市带江北产业集中区为例 [J]. 江淮论坛，2013（4）：22-26.

念安置、发展安置，给出了保障失地农民生活水平和可持续发展的具体对策建议。

微观上，现有研究聚焦不同的安置模式，通过比较选择最优模式，或者在现有的具体模式上进行创新。王晓刚、陈浩[①]简要回顾了征地补偿安置的发展历程，并总结出八种安置模式，即农业生产（补偿）安置方式、招工安置模式、一次性货币补偿安置模式、自由就业安置模式、土地换社保模式、留地集中安置模式、土地入股型安置模式、异地移民安置模式，并对这八种模式的定义、适用范围以及优缺点进行了详尽分析。他们认为在安置模式的选择上，要用可持续发展的眼光因地制宜、因人而异；要权衡利弊，依据机会成本最小原则做出取舍；要结合多种安置方式以取代单一货币补偿安置，解决失地农民的可持续生计问题。林依标[②]重点分析了安置模式之一——留地安置。实物留地、留地货币化和货币换物业是福建省目前采用的三种留地安置模式，文章分析得出福建省留地安置的几个主要问题：供地政策与留地安置的目标不完全匹配、留地安置方式和农民多样性的意愿存在矛盾、权能界定不清使得经营范围的相关配套内容出现问题、取得留地的成本和增值收益分配不相契合。在此基础上，文章认为创设"留拨"供地利用方式是解决当前的安置难问题的有效方法。还有学者关注失地农民在就业安置方面

---

① 王晓刚，陈浩．失地农民就业质量的影响因素分析：以武汉市江夏区龚家铺村为例 ［J］．城市问题，2014（1）：63-70，76.
② 林依标．福建省被征地农民留地安置的实践探索及政策建议 ［J］．农业经济问题，2014，35（8）：74-77.

面临的困境。如王晓刚①指出岗位供应远低于需求、分布不均、渠道狭窄、收入不稳定等问题是当前失地农民就业面临的主要挑战。从本质上讲，就业难最终指向的是相关土地和征地制度的缺陷以及经济和城市化的结构性失衡发展导致与失地农民就业岗位供给之间不能协调。从失地农民本身角度看，较为狭隘的劳动择业观念、不完备的文化与劳动技能、脆弱的自救积极性等也是解决就业难必须关注的方面。吕靖②以城市化发展为背景，以政府责任为角度，研究失地农民就业现状、制约因素及再就业困难的原因，解析政府的责任履行现状和责任缺失原因，最终探究强化政府在失地农民就业安置问题中的责任的对策思路。

二、可持续生计问题

如前文所说，站在发展的角度，失地农民除了面临即时性、短暂性的问题，在未来生计上更是面临诸多挑战。

（一）保障问题

农民的经济收入主要来源于土地的收益，土地不仅能够为他们提供果腹的粮食，还为他们提供晚年养老的方式和手段。农民失去土地，就是失去最可靠的生活保障，将会直面市场和社会带来的各种风险和挑战。而目前我国在失地农民社会保障制度上，包括保障标准、保障模式、保障内容、保障体系构建等方面还存在诸多问题。

---

① 王晓刚. 失地农民就业：现状、困境与安置模式［J］. 学术论坛，2012，35（10）：124-127，133.
② 吕靖. 城市化进程中失地农民就业安置的政府责任研究［D］. 西安：陕西师范大学，2013.

9

陈尔彪①指出目前对被征地农民的社会保障工作仍存在各地政策不统一，社保资金难落实，补偿标准、社保待遇较低等问题。沈悦②通过对昆山这一社会保障领跑城市的调查和分析，归纳出该市因户籍制度造成的城乡差距依然存在以及农民自我保障的能力相对不足这两点问题。王冶英、赵娟③分析了当前我国沿海地区失地农民社会保障的现状与制度缺失，如相关立法不完善，相关制度建设缺乏保障；现有征地补偿标准过低，无法替代原有土地给农民带来的效益和保障；现阶段关于失地农民的社会保障体系不完善，保障标准较低；配套的就业保障机制发展滞后，失地农民再就业率低等。因此目前需要构建一个包括最低生活保障、养老保障、医疗保障和就业保障在内的沿海地区失地农民社会保障体系。

仅以社会保障模式作为切入点，学者们讨论了众多问题。纪晓岚、朱逸④以四个较发达城市的不同社会保障模式——北京的"城保模式"、山东青岛的"农保模式"、上海的"镇保模式"、重庆的"商保模式"为研究对象，分析得出这些模式存在的普遍问题：供给主体单一、保障内容不系统且随机性强、保障模式差异性过大、保障的运行缺乏法律规

---

① 陈尔彪. 被征地农民社会保障存在的问题及建议 [J]. 中国劳动, 2011 (9)：22-25.

② 沈悦. 新农村建设中失地农民社会保障问题探要：昆山市失地农民社会保障问题调研及思考 [J]. 中国农学通报, 2013, 29 (14)：86-91.

③ 王冶英, 赵娟. 论我国沿海地区失地农民社会保障法律体系的构建 [J]. 山西财经大学学报, 2012, 34 (S1)：190-193.

④ 纪晓岚, 朱逸. 我国发达地区失地农民社会保障模式比较与对策研究 [J]. 毛泽东邓小平理论研究, 2011 (2)：38-42, 84.

范的支持和约束。杨文健等人①聚焦土地换保障这一保障方式，实地走访 NJ 市 D 社区，运用社会排斥分析视角，按照年龄层次对失地农民进行分类，发现这一方式成效甚微，各个年龄段的失地农民都在不同程度上遭遇了一系列的社会排斥，甚至很难在制度、市场、人际关系网络等任何一个维度里找到相应的依靠。郑雄飞②指出"土地换保障"的模式很有可能混淆"补偿"和"保障"，为了解答是否应该用"土地"资源来置换"社会保障"资源这个疑问，作者从"资源"视角出发进行二者本质特征的剖析，厘清它们的关系，从而进一步得出二者的共同点和区分点：二者都旨在保护和发展人权，而区分点在于资源属性的不完全同质和权利口径与责任主体的不同。由此得出结论，土地资源不能置换基本保障，这会使政府逃避责任，但可以利用地上权利及其资产收益来添置非基本保障利益，即置换补充保障。章惠琴③梳理了上海被征地农民社会保障政策的三种不同模式："城保""镇保""征地养老"。分析发现三者在医疗、养老等方面效果迥异，不相统一的模式并存引发的是各类争议及不公平问题，在《中华人民共和国社会保险法》颁布实施的背景下，"综保""镇保"向"城保"并轨趋势明显，上海市更应顺应需要，积极探索并修正当地被征地农民的社会保障政策。

相比于其他方面，从保障内容这一视角探讨问题的研究相对更多，

---

① 杨文健，仇凤仙，李潇. 二元困境下的失地农民土地换保障问题分析：基于 NJ 市 D 拆迁社区的调查研究［J］. 公共管理学报，2013，10（1）：71-78，141.

② 郑雄飞. 破解"土地换保障"的困境：基于"资源"视角的社会伦理学分析［J］. 社会学研究，2010，25（6）：1-24，242.

③ 章惠琴. 上海深度城市化进程中被征地农民社会保障问题研究［J］. 社会保障研究，2012（3）：86-92.

可以通过细致的分类对失地农民在不同方面面临的保障问题有更为清晰的认识。

1. 促进就业

在市场经济中，公民通过正规市场就业，在受教育程度水平、技能掌握等因素的影响下，部分农民在失去土地后往往难以在城市中找到合适的工作。此外，由于失地农民往往缺乏社会资本，在维权、就业、筹款创业等方面寻求帮助时，往往被排斥在主流社会之外，其合法权益得不到有效维护。

席东欣[1]分析指出，被征收土地的农民数量是巨大的，就业率很低；就业渠道很少，且岗位质量普遍不高；无法实现稳定就业和收入；就业意向和意愿具有差异性和多样化特征；劳动技能通常偏低，结构性失业十分严重等。这些问题出现的原因主要在以下几方面：失地农民受教育水平低导致劳动力质量低下，缺乏市场竞争力；为失地农民提供的就业培训不到位；城市经济的发展无法满足庞大的失地农民群体的就业需求；失地农民缺乏社会资本，无法有效采集就业信息；现行征地制度和补偿方法存在缺陷，达不到对失地农民应有的保护力度等。陈莹莹[2]描述了失地农民就业困境和困境成因，综合分析了社会保障、就业市场、土地使用效率等外部条件，以及农民自身就业能力、就业意愿等内部因素，并从政策、制度和农民自身三个方面提出促进失地农民妥善就业的相关建议。

综上可以看出，失地农民的就业现状和就业问题具有一定意义上的

---

[1] 席东欣. 城市化进程中失地农民就业问题研究 [D]. 佳木斯：佳木斯大学，2013.
[2] 陈莹莹. 城镇化进程中失地农民就业问题研究 [D]. 北京：首都师范大学，2014.

普遍性，但各地的政策、社会环境、文化氛围等方面的差异使失地农民的就业问题具有地方特色，因此也有很多研究缩小研究范围，选取特定的城市对当地失地农民就业问题进行探究。张丽娜①使用问卷收集数据并据此分析和解释郑州市城市化过程中失地农民的就业状况和存在的问题。结果表明，就工作满意度而言，大多数失地农民对他们目前的就业状况表示不满；失地农民的学历低，工作不能稳定持续；失地农民的就业和培训供应跟不上需求；大多数失地农民对目前就业政策的理解不正确，对政府的土地征用制度不满意等。接着，作者分析了影响郑州失地农民就业的因素，主要从失地农民自身因素、市场因素、培训因素、社会因素、政府因素几个方面进行了考虑。胡冰阳②将理论研究法、实证研究法、问卷调查和个案研究相结合，对绵竹市的失地农民就业现状进行分析，发现该地区的就业保障措施及就业率都存在较大问题，如就业渠道较少，就业转失业的比例较高等。施淑君等人在对成都的失地农民安置社区做了全面调查后，从农民和政府两个方面定性分析了失地农民就业困难的原因和造成的影响，并提出了完善失地农民社会保障机制、加强就业技能培训、建立再就业支持帮扶站、实现"社区就业"、转变就业观念、鼓励自主创业、设置面向失地农民的业务孵化园区等对策建议。何德海③总结了哈尔滨市失地农民的基本现状：文化素质低，就业压力大；失地农民就业渠道少，就业不稳定；就业观念落后，就业积极

① 张丽娜. 城镇化进程中郑州市失地农民就业现状与对策研究［D］. 合肥：安徽大学，2014.
② 胡冰阳. 关于失地农民就业问题研究［D］. 成都：西南财经大学，2013.
③ 何德海. 中国失地农民就业问题研究［D］. 长春：吉林大学，2012.

性不高；失地农民缺乏基本的社会保障。

城市化背景下征地制度的演变对不同类型农民的职业发展影响不同，即就业分化问题。陈浩等人①根据陆学艺提出的国内农民的 8 个职业层次类型，按照从低到高的标准将失地农民职业层次归纳为以下 5 类：最底层——农业劳动者和无业；中低层——短期雇工；中间层——长期雇工；中上层——技术人员；上层——创业与管理者。在此基础上，他对长三角地区 858 名失地农民的数据进行分析，结果表明征地后农民的就业状况发生了明显变化：一是短期非农业收入和土地养老保障水平两方面得到了一定程度的改善；二是就业模式正在转变，失地农民的职业层次也呈现出进一步分化的特征，其中，低层职业与高层职业之间的失地农民就业发展差距拉大。从长远来看，就业模式和非农业职业层次都呈现出明显的分化趋势，这可能会导致未来失地农民安全水平差距的扩大，从而引发群体分化风险。在现状调查的基础上，通过实证模型探讨了就业分化的成因，得出人力资本是其中最为核心的因素，较低的人力资本水平是被征地农民获得高层职业的主要障碍。另外，征地用途、征地补偿方法等征地方面的因素也对失地农民的就业行为演变产生了一定的影响。谢勇②认为失地农民的就业分化一般表现为失业、继续从事农业、在本地从事非农就业和外出打工 4 种情况，以江苏省南京市被征地农民为例，运用 Logit 模型对征地引起的就业影响和就业分化进

①　陈浩，陈雪春，谢勇. 城镇化进程中失地农民职业分化及其影响因素研究［J］. 中国人口·资源与环境，2013，23（6）：72-79.
②　谢勇. 土地征用、就业冲击与就业分化：基于江苏省南京市失地农民的实证研究［J］. 中国人口科学，2010（2）：65-72，112.

行了实证研究，得出以下结论：约54%的被调查农民在征地后改变了原有的就业状况，其中以征地前从事农业的农民为主，并且人力资本水平相对较低的中老年农民更容易受到影响和冲击。在性别上也有区别，男性相对女性更愿意外出打工。人力资本水平的提高对于促进失地农民实现各种形式的非农就业具有重大的积极影响；土地补偿金、征地的用途和生活费补助与失地农民的就业分化之间也存在一定的关系。

还有相关研究从定性或者定量的角度来探究失地农民就业问题的原因。如翟年祥、项光勤[1]描述了中国失地农民的就业状况，并指出了制约失地农民就业的因素。例如，地方政府对失地农民的就业没有给予足够的重视，社会就业环境不利于失地农民的就业，缺乏农村职业教育，就业培训不具有组织协调能力，失地农民的低补偿标准间接影响了农民的再就业等。建议消除失地农民的再就业制度缺陷，积极为失地农民就业创业提供各种财政支持、拓宽非农就业渠道、完善就业培训工作、重视失地农民就业保障等以解决失地农民就业问题。章娇[2]对重庆市晏家街道（原晏家镇）失地农民的生活和就业现状进行了实地调研。作者提出失地农民就业的核心影响因素主要包括社会因素、制度因素、市场因素和个人因素，据此建立起失地农民就业评价指标体系进行实证分析。实证结果表明，更高的城市化水平、更优质的经济发展结构、更完善的社会保障体系、更良好的户籍制度、更健全的就业安置制度、更合理的土地补偿制度、更畅通的就业信息渠道以及更有效的就业中介机构

① 翟年祥，项光勤. 城市化进程中失地农民就业的制约因素及其政策支持［J］. 中国行政管理，2012（2）：50-53.
② 章娇. 城镇化进程中失地农民就业影响因素研究［D］. 重庆：西南大学，2014.

和综合就业培训机制是解决失地农民就业问题的关键。张晖等人①基于苏州市高新区东渚镇的调研数据，运用 Multinomial Logit 模型实证分析失地农民雇佣就业、创业的影响因素。研究结果表明，再就业培训和家庭非农收入对失地农民的就业有显著的正向影响，包括自谋职业和被雇佣；而年龄和拆迁收入等变量有一定的负向影响，但适当的拆迁补偿可以在一定程度上促进失地农民的创业活动。王晓刚、陈浩②认为不能只考虑就业的数量增长，更应考虑就业的质量提升，后者也更受再就业失地农民的重视。应加强就业的稳定性、改善工作环境、提高工资水平和相关的福利待遇等，使失地农民有更好的职业发展机会，并促进工作与生活平衡，推动其获得高质量就业，真正能共享城市化红利。以武汉市江夏区龚家铺村失地农民调查数据为基础，运用概率选择模型，分析了失地农民在城市劳动力市场中的人力资本、社会网络、土地补偿和社会保险参与等因素，由分析结果发现，受教育程度和技能培训对就业质量的五个方面有显著影响。因此，提高就业质量的关键在于提高失地农民的教育水平和增加技能培训的机会。参加社会保险是一种保障因素而不是一种激励因素，对提高失地农民的就业质量作用不明显；征地补偿水平与失地农民就业质量呈负相关。这说明一次性货币补偿安置和土地社

---

① 张晖，温作民，李丰. 失地农民雇佣就业、自主创业的影响因素分析：基于苏州市高新区东渚镇的调查 [J]. 南京农业大学学报（社会科学版），2012，12（1）：16-20.
② 王晓刚，陈浩. 失地农民就业质量的影响因素分析：以武汉市江夏区龚家铺村为例 [J]. 城市问题，2014（1）：63-70，76.

会保障模式不足以解决失地农民的可持续生计问题。李飞、钟涨宝[①]以江苏省扬州市的两个失地农民社区为例，通过问卷调查的方式描述了失地农民职业获取的现状，并着重分析失地农民的人力资本和社会资本对就业的影响。通过建立二元 Logistic 模型，得出以下结论：第一，失地农民的就业状况不容乐观，近一半的人没有工作，并且超过一半的失地农民只有利用社会关系才能获得稳定职业，这些职业多隶属于第二和第三产业，例如加工和制造，建筑装饰和住宅服务等，职业工资水平低。第二，影响农民获得职业的重要因素是人力资本和社会资本，因此提高这一群体的人力资本和社会资本水平，促进其职业发展是首要目标。第三，城市化带来的征地一定程度上造成了失地农民的人力资本和社会资本水平低下，因此解决该问题的根本途径是对征地制度的完善，探寻更为合理健康的城市化发展道路。周易、付少平[②]根据陕西省杨凌示范区的 3 个镇 10 个行政村失地农民的调查数据，同样采用二元 Logistic 逻辑模型实证分析生计资本对失地农民创业的影响程度，尤其侧重人力资本、社会资本和金融资本对失地农民创业上的助力和冲击。结果表明，在人力资本中，受教育的年龄和年限对失地农民的创业行为有重大影响；在社会资本中，婚姻状况、朋友数量以及可以借款的人数对于失地农民的创业行为很重要；在金融资本方面，家庭总收入作为失地农民最重要的金融资本，对其创业行为有着关键性的影响。此外，原房屋的拆

---

① 李飞，钟涨宝. 人力资本、社会资本与失地农民的职业获得：基于江苏省扬州市两个失地农民社区的调查［J］. 中国农村观察，2010（6）：11-21.

② 周易，付少平. 生计资本对失地农民创业的影响：基于陕西省杨凌区的调研数据［J］. 华中农业大学学报（社会科学版），2012（3）：80-84.

迁也是影响失地农民创业行为的重要因素。可以看出，人力资本、社会资本是研究影响失地农民就业因素的重要因素。

丰富的原因分析的研究为失地农民就业问题的解决提供了很多对症下药的良方，如创造良好就业环境，减少失地农民就业阻力（实行优惠的就业政策、重点发展第三产业、鼓励农民自主创业）；完善就业服务网络，加强就业服务能力（完善就业服务机构、强化就业服务职能、完善就业服务信息网络）；丰富技能培训形式，提高就业竞争能力（重点发展职业技术教育、引导和强化培训意识、以需求为导向开展定向培训）；健全社会保障制度，增强农民生存保障（明确对失地农民的保障措施、促进失地农民社会保障制度的法律化）。有学者认为这其中的某些具体措施值得深入研究，如就业培训、就业的公共服务保障、政策的实施。韩明珠[①]以杭州市失地农民作为研究对象，重点关注职业技能的提升途径，认为通过加强宣传勤劳致富、就业光荣等理念，以政策支持、经济刺激加强引导，以及运用得力、落到实处的培训手段能有效地提升失地农民的职业技能。曾国平等人[②]通过 DEMATEL 方法对重庆市失地农民就业培训的相关影响因素进行分析，考虑从个人因素、培训设计、培训资源和组织支持 4 个维度来构建失地农民就业培训影响因素体系，具体包括 23 个影响因素。因素量化分析表明，培训目标、内容、教师、方式、费用及设备资源和资金资源是影响就业培训的关键因素。

---

① 韩明珠．城镇化背景下失地农民职业技能问题研究：以杭州市为例［J］．中国成人教育，2016（7）：157-160.

② 曾国平，侯海艳，刘春鑫．失地农民就业培训影响因素探析：以重庆市为例［J］．农业技术经济，2011（6）：29-35.

建议在培训目标、内容、师资、制度体系等方面应协调一致，形成有机整体。李泽刚①关注失地农民就业培训政策实施的问题，认为政策实施得当是促进有效的失地农民就业培训的重要因素，研究得出完善就业培训政策的路径有：保证政策文本的可操作性，增强政府的执行力，加强政策实施过程中的监督，积极努力保证培训资金充足。沈红梅等人②通过定性探讨，得出现代化农业发展也能解决部分农民再就业问题，为此要大力促进新型职业化农民的培养，完善提升农村人力资本的教育机制和人才流动机制，建立起科学的职业化农民培训机构，同时还要为职业农民培育良好的外部社会环境。李园园③聚焦于就业公共服务，以新公共服务理论为指导，认为只有完善了城市化进程中城郊失地农民就业公共服务，才能顺利解决其就业问题。研究结果表明，应从构建城郊失地农民就业公共服务主体多元化、内容系统化、手段多样化、法律体系化和监督评估科学化五个方面，着力完善我国城市化进程中城郊失地农民就业公共服务体系。

除了就业，鼓励农民自主创业也是重要的解决措施。周易④特别关注了人力资本、社会资本、金融资本对失地农民创业的影响；陈晓宏⑤

① 李泽刚. 我国失地农民就业培训政策实施问题研究［D］. 成都：电子科技大学，2013.
② 沈红梅，霍有光，张国献. 新型职业农民培育机制研究：基于农业现代化视阈［J］. 现代经济探讨，2014（1）：65-69.
③ 李园园. 我国城市化进程中城郊失地农民就业公共服务问题研究［D］. 上海：上海师范大学，2013.
④ 周易，付少平. 生计资本对失地农民创业的影响：基于陕西省杨凌区的调研数据［J］. 华中农业大学学报（社会科学版），2012（3）：80-84.
⑤ 陈晓宏. 失地农民创业的主体性、现实路径及对策研究［J］. 中共福建省委党校学报，2005（12）：29-33.

指出政府各级相关部门要充分发挥职能作用，应缔造和谐创业的氛围，从制度上给予根本安排，将失地农民纳入创业培训体系，大力发展适应市场经济需要的职业培训，为失地农民创业提供准确有用的信息等。

2. 养老保障

土地承担了农村老年人的相应保障，当农民成为失地农民后，养老问题亟须解决。熊金武、黄义衡①指出失地农民中的中老年人既缺乏城镇居民的社会保障，也不享有农村的土地保障，体现了新增城市居民市民化中的养老困境。具体来说有：退出权缺乏下的养老成本提高；人力资本匮乏下的收入降低；土地强制征收下的增值收益分配不均；金融制度与配套服务的不健全；身份强制转换下的认知失调。武心天②指出现行的失地农民养老保险主要包括三种模式：纳入新型农村养老保险制度、建立单独的失地农民养老保险制度以及城镇基本养老保险制度。总体来看，现有的这些养老保险存在统筹水平较低、保障水平较低、保险范围小，以及农民对保险的热情低下等问题。因此，有必要完善养老保险制度，逐步实现总体规划，提高保障水平。薛惠元③特别提出当前现有的养老保障在各地情况各异，"一地一政"和"碎片化"现象明显，这种情况带来的是管理上的混乱、遗漏，无法充分涵盖各种类型的养老问题。针对这样的问题，将被征地农民统一纳入新农保制度便能体现出

---

① 熊金武，黄义衡. 失地农民养老困局与对策浅析［J］. 农村经济，2015（3）：85-89.

② 武心天. 浅析失地农民养老保险问题及对策［J］. 中国劳动关系学院学报，2011，25（2）：98-100.

③ 薛惠元. 被征地农民养老保障问题探析：以湖北省为例［J］. 当代经济管理，2011，33（1）：55-58.

其优越性。具体来说，建议按照分类指导、不重不漏的原则，整合现有的被征地农民养老保障制度；完善新农保政策，提高被征地农民养老待遇水平；建立多方筹资机制，确保资金落实到位；完善被征地农民参加新农保的相关配套措施。郭喜[①]也提到被征地农民养老保障制度以及具体的实践模式带有明显的地域特征，使得制度安排缺乏连续性、动态性和发展性，最为突出的是无法解决好被征地农民同农村和城镇两大养老保障体系的接续问题。李倩和张开云[②]也注重各养老保险制度之间的衔接问题，以对广州市萝岗区农村进行的实地调查为基础，结合其他"新农保"试点地区的实施情况，对"新农保"与现行被征地农民养老保险制度从技术和制度层面如何衔接进行尝试性探索。田北海、李春芳[③]通过对湖北、安徽、广西、浙江、山东、河北和贵州7个省（自治区）的农村社会养老保险制度的调查，从供求平衡的角度分析发现，失地农民社会养老保险制度的供需失衡主要表现在三个方面，即个人需缴纳的费用过多，筹资责任分担缺乏合理性；一次性付款的要求与对失地农民希望延长付款期限之间存在冲突；待遇水平无法满足失地农民的多层次需求。李放和崔香芬[④]则在社会政策价值评判分析框架的理论指导下，从社会政策分析视角入手，对被征地农民养老保障政策6个基本

---

① 郭喜. 被征地农民养老保障现状分析及政策改进 [J]. 中国行政管理，2012 (5)：75-78，83.

② 李倩，张开云. 广州市新农保与被征地农民养老保险制度的衔接问题探讨 [J]. 广东社会科学，2011 (5)：210-217.

③ 田北海，李春芳. 供需均衡视角下的失地农民社会养老保险制度研究：基于对鄂、皖、桂、浙、鲁、冀、黔7省（区）的调查 [J]. 华中农业大学学报（社会科学版），2013 (1)：77-83.

④ 李放，崔香芬. 从社会政策视角探析被征地农民养老保障政策 [J]. 社会科学家，2012 (3)：57-61.

政策要素进行分析：就政策目标而言，缺乏基于社会价值指导的明确政策目标，并且缺乏统一、明确和长期的政策目标；福利和服务形式的提供实际上混淆了政府本应向公民提供的货币补贴，变相减轻政府责任；权利和利益的适用规则过于随意和粗略；对政策的监督不足导致了对"自愿原则"的背离、养老金保障政策的单方面实施以及部分政策的实施扭曲；在现有融资方式下，个人融资责任得到了加强，但也存在潜在的财务安全隐患；缺乏有效的政策要素互动载体，导致各种政策要素之间缺乏良性互动等。

3. 权益保障

失地农民的自主选择权、土地权益、市民化权益等在征地过程中有时没有得到充分保护。张利国[1]指出失地农民的市民权利没有真正实现，必须采取有效措施，构建有限政府，保障主体平等权利，完善法律制度供给。陈俭[2]指出在城市化进程中，河南省现行的农村社会保障制度对失地农民无法产生较大吸引力，健全的社会保障体系远未建立，使得失地农民不能得到应得的土地市场化带来的土地增值收益，同时还伴有就业困难、长期生计问题等。张学浪和李俊奎[3]指出我国已建立的保障机制仍面临着诸多困境，包括城乡二元结构矛盾突出，失地农民的利益得不到重视；现行征地补偿标准偏低，失地后农民生活质量普遍下

---

① 张利国. 论城市化进程中失地农民权益的保护 [J]. 河北法学, 2012, 30 (1)：108-116.

② 陈俭. 城市化进程中失地农民权益保障问题及对策：以河南省为例 [J]. 河北经贸大学学报, 2012, 33 (2)：45-49.

③ 张学浪, 李俊奎. 困境与突破：城市化进程中失地农民利益补偿机制构建新探 [J]. 农村经济, 2011 (3)：69-73.

降；征地补偿中忽视土地的增值功能，农民失去与土地市场价值相当的利益补偿；征地程序不健全，补偿费分配混乱，且管理缺乏透明度，致使干群关系紧张；安置方法单一，失地农民就业率低，失地又失业问题严重；农村社会保障制度不健全，失地农民养老、医疗保障问题突出等，这些困境不仅制约了农民合法利益的获得，更阻碍了城市化的健康发展。周毕芬[1]关注城镇化进程中失地农民权益受到损害的原因，运用社会排斥视角将失地农民所受社会排斥分为结构性排斥和功能性排斥：一方面，户籍制度、社会阶层、社会文化产生了不合理的社会结构，将失地农民排斥在外；另一方面，失地农民的人力资本水平低，社会资本不足，从而受到职能上的排斥。为了维护和保障失地农民的合法权益，必须从体制改革、文化建设、职业技能培训和创业精神支持等方面入手，努力消除失地农民受到的社会排斥。

（二）福利问题

失地农民的福利水平应当受到重视，但就目前来看，失地农民的福利水平还有很大的提升空间。

学者们聚焦于失地农民征地前后的总体福利变化，尽管在总体上福利是有所增加的，但某部分福利得到提升的同时，另一些福利受到损害，这就体现出失地农民在福利上面临的问题。袁方和蔡银莺[2]为清晰展示城市近郊被征地农民土地征收前后福利的变化，选取武汉市江夏区

[1] 周毕芬. 社会排斥视角下的失地农民权益问题分析 [J]. 农业经济问题，2015，36（4）：59-65，111.

[2] 袁方，蔡银莺. 城市近郊被征地农民的福利变化测度：以武汉市江夏区五里界镇为实证 [J]. 资源科学，2012，34（3）：449-458.

五里界镇作为具体实例，实地调研收集数据，并根据阿马蒂亚·森的可行能力理论和模糊综合评价方法进行分析。研究表明，征地后城市近郊的农民福利水平虽得到一定程度改善，但仍处于较低水平；农民的社会保障、生活条件和该地景观环境均有不同程度的改善，但农民的经济状况和心理因素却有所恶化。同年两位研究者以同样的数据，从福利经济学角度出发分析得出：失地农民在经济福利上表现为农业收入普遍减少，非农业收入显著增加，生活成本也随之上升，家庭开销增加，且贫富差距进一步拉大，但经济福利的增长速度受到农民较低教育水平的限制，老年人群体的经济福利状况尤其令人担忧；在非经济福利上，失地农民的社会福利、生活福利虽有改善，但环境福利却有所恶化。王伟和马超①研究宜兴市和太仓市的失地农民福利水平前后变化情况以及不同的征地补偿模式对农民福利状况的差异性影响。研究结果表明，尽管失地农民的福利水平有所提高，但总体形势仍然不佳；就短期而言，在保障家庭经济地位方面，土地换社会保障模式不如土地换货币模式，但目前只有前者为农民提供了更健全的社会保障体系，能使失地农民获得相对更高的福利水平，因此，土地换社保模式更有利于失地农民的长期生计安全。彭开丽、朱海莲②以武汉市江夏区、东西湖区、新洲区和洪山区为研究区域，将失地农民分为小于45岁、45~65岁、大于65岁三个年龄阶段，然后以阿玛蒂亚·森的可行性能力理论为依据，从经济收

---

① 王伟，马超. 基于可行能力理论的失地农民福利水平研究：以江苏省宜兴市和太仓市为例 [J]. 农业技术经济，2013（6）：20-31.
② 彭开丽，朱海莲. 农地城市流转对不同年龄阶段失地农民的福利影响研究 [J]. 中国土地科学，2015，29（1）：71-78.

入、社会保障、发展机遇、住房条件、生活环境、交往与闲暇、健康和社会参与八个方面构建失地农民福利评价指标，利用模糊数学法，对不同年龄段失地农民的福利变化进行定量测度。结果表明：（1）农地城市流转对不同年龄阶段失地农民的福利影响存在差异。45~65岁失地农民的福利变化最大，其福利水平下降了18.69%；小于45岁的失地农民的福利水平下降了16.62%；大于65岁的失地农民的福利水平下降了12.74%。（2）不同年龄阶段失地农民的各功能性活动指标在农地城市流转后的变化方向和变化程度存在不同。失地农民的经济状况、居住环境、健康、社会参与功能均有所下降，社会保障和住房条件功能得到了改善，但变化程度不同，而发展机遇和交往与闲暇功能在不同年龄阶段的失地农民中变化方向不同。聂鑫等人[1]构建结构方程模型，以阿马蒂亚·森的可行性能力理论为指导，分析影响失地农民多维福祉的因素。研究结果表明：补偿公平、工作状态、健康状态、社会参与支持这几个因素都是在城镇化过程中会直接对失地农民福祉产生影响的因素。其中，工作状态和补偿公平程度是影响失地农民多维福祉水平的最重要的两个因素。

另一些研究只关注某一方面的福利问题。例如：（1）贫困问题：汤夺先、高朋[2]认为失地农民在城市化过程中主要面临着经济贫困、文化贫困、能力贫困以及权利贫困问题。体制与制度设置不完善、城市社

---

[1] 聂鑫，汪晗，张安录.城镇化进程中失地农民多维福祉影响因素研究［J］.中国农村观察，2013（4）：86-93.

[2] 汤夺先，高朋.城市化进程中失地农民的贫困问题及其治理［J］.中国人口·资源与环境，2012，22（8）：114-120.

会的剥夺与排斥、城乡文化的冲突与非物质文化变迁滞后以及失地农民个人能力缺失等都是引发这些贫困问题的原因，为此要真正解决失地农民的贫困问题需要在宏观上不断改进和健全制度与政策对失地农民的保障作用，在微观上注重培育失地农民的自身能力。（2）健康问题：秦立建等人[①]利用农业农村部固定观测点收集了 16 个省份的调查数据，基于 Grossman 健康需求理论和实证分析的结果发现，近年来我国农村居民的健康水平降低与城市化征地存在显著关系，被征地农民的健康状况显著低于有地农民的健康状况。（3）生活水平：吴岩等人[②]根据马斯洛需求层次理论，构建出包含生理需求满足度、安全需求满足度两个一级指标，资源拥有状况、经济状况、生存环境状况、人身安全状况、心理安全状况 5 个二级指标以及 13 个三级指标的失地农民生活水平评价体系，以辽宁省图县作为实证检验的对象，评价当地失地农民在失去土地、迁居后的生活水平变化。于宏、周升起[③]注意到失地农民异质性问题，认为失地农民间本身及外界的差异性会导致今后各自的生活水平各不相同，因此选用二元 Logit 模型对 506 个实地调查样本进行实证分析，综合考虑了人力资本、社会资本和政府制度安排等诸多方面，得到如下具体结论：性别、年龄、受教育程度和征地时间等因素会使失地农民生活水平呈现明显差异；区域经济差异对失地农民的生活水平有不同程度

---

① 秦立建，陈波，蒋中一. 我国城市化征地对农民健康的影响［J］. 管理世界，2012（9）：82-88.

② 吴岩，董秀茹，王秋兵，等. 失地农民生活水平评价体系构建［J］. 中国土地科学，2011，25（5）：23-28.

③ 于宏，周升起. 城市化是否提高了失地农民的生活水平？：基于失地农民异质性视角下的实证分析［J］. 经济管理，2016，38（1）：166-176.

的影响；人力资本总体呈现正向影响，但在不同性质的失地农民间仍有差异；政府制度安排对主动失地农民生活水平的提高有积极作用，但对被动失地农民生活水平的提高有显著的负面作用。

（三）满意度问题

失地农民对于征地的满意度可以分为"征地时"满意度，即对征地行为本身的满意度，和"征地后"满意度，即对征收后的相关制度，如安置、补偿、市民化等各方面的满意度。

刘祥琪等人[1]基于 2010 年中国 17 个农业大省的抽样调查数据研究了农民对征地满意度的影响因素。结果表明，当征地补偿全部支付给农民，补偿水平较高时，或者征地补偿水平由政府或者村干部出面与农民事先协商决定时，农民对征地抱有更高的满意度。通过进一步控制事先协商与征地补偿水平之间的相互作用，发现只有事先与农民协商征地补偿水平从而获得较高征地补偿水平的情况下，失地农民才会对征地更加满意。这说明在实践中，有必要在维护农民参与土地征收过程的权利的前提下提高土地征收补偿水平。另外，研究还指出当征地用于公益性建设时，农民对征地的满意度高于非公益性建设。郭玲霞等人[2]定量分析失地农民征地意愿的影响因素。作者对武汉市洪山区、江夏区、新洲区和东西湖区 4 区城乡接合部五年时间内被征地的 251 户样本农户进行结构式访谈，结果发现：征地意愿主要与农户家庭征地前对耕地的依赖

---

① 刘祥琪，陈钊，赵阳. 程序公正先于货币补偿：农民征地满意度的决定 [J]. 管理世界，2012 (2)：44-51，187-188.

② 郭玲霞，高贵现，彭开丽. 基于 Logistic 模型的失地农民土地征收意愿影响因素研究 [J]. 资源科学，2012，34 (8)：1484-1492.

度、对征地前家庭居住条件的满意度、征地补偿合理性、征地对家庭经济的影响、征地对就业的影响等 5 个变量有关。而调研地绝大部分失地农民都不愿意被征地，一方面是由于他们对原来生活方式的依赖，另一方面是由于征地得到的补偿无法弥补家庭经济及其他方面的损失。

冀县卿、钱忠好[①]研究表明失地农民不仅会对征地本身产生不满，与征地制度相关联的制度也会影响失地农民的满意度。根据江苏省 469 名市民化后的失地农民相关调查数据的分析结果显示，局限于征地制度改革并不能有效解决征地矛盾，还需要注重相关制度的改革和完善，只有征地相关制度与征地制度的配合越好时，被征地人对征地制度的满意度才会越高。在相关联的制度中，政府尤其应注重就业指导、社会保障和政府扶持等工作的推行。陈占锋[②]运用结构方程法对城乡接合部失地农民的生活满意度进行了分析，得出农民的满意度均值为 2.9 分（5 分制，分数越高即满意度越高）。经济收入、工作状况、生活环境、社会保障、消费支出、城市适应这 6 个变量对失地农民的生活满意度有显著影响，且影响程度由大到小。其中，年龄和教育水平对失地农民生活满意度的影响主要体现在失去土地后的就业南移问题。失地农民的年龄越大，受教育程度越低，短期内就越难找到工作。赵丹、黄莉鳗[③]运用二元 Logistic 回归分析方法分析了影响四川省荣县 220 位失地农民生活满

---

① 冀县卿，钱忠好．市民化后的失地农民对征地制度评价：基于江苏省的调查数据 [J]．农业技术经济，2011（11）：4-15.

② 陈占锋．我国城镇化进程中失地农民生活满意度研究 [J]．国家行政学院学报，2013（1）：55-62.

③ 赵丹，黄莉鳗．失地农民生活满意度及影响因素 [J]．西北农林科技大学学报（社会科学版），2014，14（3）：83-90.

意度的因素。研究结果表明：当前失地农民生活满意度普遍不高，在影响满意度的因素中，正向影响因素包括征地意愿、就业现状、是否得到就业扶持、是否有医疗保险等 6 个因素，而征地补偿标准、住房面积、交通条件等 5 个因素呈现出负向影响。因此，就业政策的完善、居住条件的改善以及社会保障体系的健全等政策是提高失地农民满意度的应有之义。王慧博[①]在对上海和广西地区失地农民市民化过程的调查中发现失地农民市民化的满意度差异很大。一方面，个体不同的性别、年龄、婚姻、身份、文化程度等是造成满意度有所差别的原因；另一方面，地区之间也存在较大差异，东西部（上海、广西）失地农民市民化满意度差异大：上海地区失地农民对征地后的满意度较高，广西则较低。在此基础上，通过因子分析和回归分析进一步研究，发现影响市民化满意度的众多因素中，失地农民对基本生活的满意度占主导地位，其次分别为失地农民对人际交往的满意度、失地农民对政策的满意度以及失地农民的幸福度，并且这四种影响因素之间又相互联系、相互作用。

（四）适应性问题

失地农民在土地被征用或退耕的过程中，必须选择和适应新的生产生活方式。但突如其来的转变并不容易，城市环境对于失地农民来说较为陌生，各方面的不适应及心理上存在的失调都可能引发一系列的社会问题。严蓓蓓[②]指出城镇化过程中产生的失地农民必须做出城市适应性

---

① 王慧博. 失地农民市民化社会融入研究 [J]. 江西社会科学, 2011, 31 (6): 234-240.

② 严蓓蓓. 人的城镇化与失地农民城市适应性障碍之消除：以南京市江宁区为例 [J]. 人民论坛, 2013 (26): 140-142.

行为选择，但在这一过程中，失地农民往往存在着难以实现职业期待、难以安居乐业、没有归属感等适应性障碍。余嬛①则将失地农民分为三类：青年群体、老年群体、少年群体，分群体探讨他们在社会适应过程中出现的问题，以及从失地农民本身的问题、社会方面的问题两方面寻求成因，最后从政治、经济、文化各方面给出提升失地农民生存和生活质量的具体措施，尤其指出为了促进失地农民更好地实现社会适应，需要在失地农民的受教育水平、岗前培训、社会支持等方面有所作为。王慧博②给出失地农民融入城市生活的必备条件：第一，需要在身份上向市民转变，并且能够在城市找到相对稳定的职业；第二，享受与城市市民等同的社会保障，并逐渐形成与城市市民接近的生活方式；第三，精神文化上逐步改变原来生活方式带来的影响，用城市市民的价值观看待事物，增强城市归属感并树立新身份的自我认同。文章通过对这三方面条件的分析，认为失地农民市民化过程中，其社会融入尚未完成，并对如何促进失地农民的市民化社会融入提出了对策建议。

　　当然，学者们并不止步于探讨目前存在的适应性问题，更从各个视角对失地农民适应性问题的成因、影响因素等进行了进一步的探究。冀县卿、钱忠好③以问卷调查得到的数据为依据进行实证分析，认为需要重点关注人力资本与连带关系在影响失地农民的城市适应性的因素中的重要作用。具体来讲，失地农民只有拥有足够的维持自身在城市生存所

---

① 余嬛. 浅谈失地农民的社会适应问题 [J]. 现代化农业, 2016 (7): 40-41.

② 王慧博. 失地农民市民化社会融入研究 [J]. 江西社会科学, 2011, 31 (6): 234-240.

③ 冀县卿, 钱忠好. 人力资本、连带关系与失地农民城市适应性：基于扬州市失地农民的实证研究 [J]. 江苏社会科学, 2011 (3): 86-91.

需的人力资本，并且能够有效利用城市社会弱连带网络时，才能提高他们自身的就业能力，并逐步在认知和行为上适应城市生活。因此，对失地农民进行有针对性的职业技能培训，帮助他们在城市中生存，为失地农民提供更加便捷的城市社会网络服务，将有助于提高失地农民的城市适应能力，为中国的城市化进程做出贡献。冀县卿、钱忠好①调查了江苏省 469 户失地农民，根据所获资料和数据分析，失地农民的人力资本、物质资本以及社会资本对失地农民的城市适应性都有影响，人力资本严重不足、物质资本相对薄弱、社会资本建设不足是造成失地农民城市适应性差的根本原因。失地农民的人力资本水平取决于他们的受教育水平、通过培训获得的技能以及"边做边学"中积累的经验；失地农民的物质资本则与其经济收入和社会保障有关；失地农民的社会资本由他们的产业关系网络、财政支持网络和政府推动网络组成。王晓刚、陈浩②调查了郑州市城郊的 328 户失地农民，数据分析结果表明，失地农民目前仅仅向城市物理空间靠拢，本质上还未完成身份的转变，对城市的认同感和归属感不强。要推动失地农民更快地融入城市，提高适应性，需要增加他们的人力资本、社会资本，并且采取措施促进失地农民在生活方式、社会心理与情感、文化价值观念上与城市社会同构，从各个方面充分帮助失地农民实现市民化的自我身份认同。王彩芳③提出失

①　冀县卿，钱忠好. 人力资本、物质资本、社会资本与失地农民城市适应性：基于江苏省 469 户失地农民的调查数据 [J]. 江海学刊，2011（6）：88-93，238.

②　王晓刚，陈浩. 城郊失地农民城市适应性差的影响因素：以郑州市为例 [J]. 城市问题，2013（2）：68-73.

③　王彩芳. 集中安置的失地农民社会交往与城市文化适应 [J]. 农业经济问题，2013，34（1）：68-72.

地农民要适应城市文化最需要注意自身的社会交往。作者走访了 J 市三个集中安置小区的 159 位研究对象，了解到这些被集中安置的失地农民中的大部分还不能改变农村熟人社会人际交往的模式，社会网络具有的内倾化、同质化特征，与城市社会以业缘为基础的开放式、多样化交往差距较大，从而制约着他们城市文化适应的进程。为此，需要通过充分发挥社区居委会作用、广泛开展教育培训、加强媒体正面宣传等途径来为失地农民构建更为开放的社会交往网络，加快其适应城市文化的步伐。赵琴[①]首先根据贵州省凤冈县失地农民的调查数据对他们的城市融入状况做定性判断，结果表明，失地农民的总体城市融入水平偏低，呈现出行为融入快于心理融入和经济融入的特征。同时结合探索性因子分析方法和 OLS 回归方法等定量方法重点探讨失地农民居住空间分异及相关因素对失地农民城市融入的影响，二者关系为负，即居住空间分异不利于失地农民融入新的城市生活。因此，促进失地农民的城市融入应在失地农民的住房安置方面考虑到居住空间分异对于失地农民城市融入的阻碍，尽量规避集中安置的弊端，实现一定程度上的混居。

（五）身份认同及市民化问题

在适应性中最受关注的即是失地农民对市民身份的认同问题，它是失地农民问题的核心和基础。农民长期以来的生活习惯、交往方式、行为举止、心理状态等要在短暂的时间内向市民转变，不可避免地要产生

---

① 赵琴. 居住空间分异及其对城郊失地农民城市融入的影响：基于贵州省凤冈县的调研数据 [J]. 农业经济问题，2015，36（9）：71-78，111-112.

问题。陈美球等人①将南昌市红谷滩新区沙井街道作为研究对象，综合采用问卷调查、座谈会、深度访谈等多种方法深入了解失地农民市民化的现状。结果显示，一方面，失地农民的基本生活环境得到全面改善、经济收入显著增加且来源更加多样化；但另一方面，部分失地农民征地补偿费用仅用于满足生活基本需求，较少用于非农创业，缺乏持久性和可持续性，贫富差距逐渐拉大，使社会不和谐因素也随之增多，失地农民的精神文化生活也较为单调贫乏，社区建设、软件环境都有严重滞后的情况，最终导致失地农民融入城市生活十分困难。丁菲②以辽宁省葫芦岛市兴城市钓鱼台村为例，对村内失地农民进行调查，分析得出：失地农民经济收入明显提高，但劳动生产方式过于单一；生活环境和教育环境得到改善，但没有充分利用优势；观念转变及文化融合颇有难度是当前失地农民市民化过程中存在的问题。江静等人③以北京市近郊区来广营村为个案，通过对失地农民的问卷调查，从多个层面着重分析大城市近郊失地农民市民化的现状，这些层面包括：农民居住条件的市民化；农民生活的市民化；人口素质的市民化；基本权利（社会保障、政治参与、社会参与）的市民化；心理态度的市民化。研究得出北京近郊失地农民的市民化程度较高，但从具体层面来说人口素质、心理态度上的市民化仍较低，说明村民在对自己身份的认知上仍模糊不清，且

① 陈美球，李志朋，刘桃菊，等. 失地农民市民化现状剖析与对策探索：基于南昌市红谷滩新区沙井街道的调研［J］. 中国土地科学，2013，27（11）：31-38.
② 丁菲. 兴城市滨海新区失地农民市民化问题及对策研究［J］. 太原城市职业技术学院学报，2016（5）：17-18.
③ 江静，胡顺强，苗伟东. 北京近郊失地农民市民化现状研究：以来广营村为例［J］. 北京工业大学学报（社会科学版），2011，11（1）：7-15.

对城市工作和生活不太认同，这说明使农民从心理上真正地融入城市需要一个长期的过程。张海波、童星①研究发现南京市的 561 位失地农民中大部分都存在自我认同失调的状况，尚无法转换自我身份。原因在于被动城市化下的时间效应使得物质搬迁先于失地农民精神上的自我认同转换，而空间效应带来的强烈的相对剥夺感也阻碍了他们自我认同系统的转换。

失地农民市民化与身份认同困难的原因在哪？个体因素、制度性因素、社会因素等都是学界普遍认同的能较好解释当前问题的重要原因。姚俊②关注长三角地区的失地农民状况，建立逐步 Logistic 回归模型，将身份认同作为因变量进行研究分析，得出制度支持、社会网络以及社会记忆都对失地农民的身份认同有显著影响，其中失地农民所经历的社会空间转变体验不但直接影响着他们的身份认同现状，还决定着失地农民社会记忆发挥作用的机制。杨圆圆③首先在理论分析的基础上提出了影响失地农民市民化的四条假设：失地农民的个人特征、家庭特征、政府对于失地农民失去土地后的生活是否在意以及征地过程中的民主程度都会对失地农民的市民化产生影响。随后以浙江永康、义乌两地的问卷调查数据进行实证研究，设计计量模型（OLS），结果表明，对失地农民市民化影响最大的是家庭务农人口占比、失地农民自身的文化程度，

---

① 张海波，童星. 被动城市化群体城市适应性与现代性获得中的自我认同：基于南京市 561 位失地农民的实证研究［J］. 社会学研究，2006（2）：86-106，244.
② 姚俊. 失地农民市民身份认同障碍解析：基于长三角相关调查数据的分析［J］. 城市问题，2011（8）：93-99.
③ 杨圆圆. 失地农民市民化相关问题研究：基于发达地区的考察［J］. 农业技术经济，2011（11）：24-33.

当地政府的政策支持以及家庭收入的主要来源也对失地农民市民化有所影响。此外，征地过程的民主化也将有助于促进失地农民在失去土地后尽快转变为市民。针对影响因素的分析结果，政府在解决失地农民市民化问题上不仅要提供相应的物质基础和物质配套保障，还要着力不断健全征地过程中农民参与的机制，提高征地民主化程度，从而增强失地农民对政府市民化安置的情感支持，减少不必要的冲突。李永友、徐楠①聚焦浙江富阳、德清和宁波的失地农民，发现即使在发达地区，土地城市化也远远超过市民化的速度，导致失地农民"被城市化"的感受非常明显。文章利用方差分析方法，从个体特征、制度层面两个维度对失地农民市民化影响因素进行了研究，结论表明，虽然发达地区失地农民能够获得相对更为丰厚的物质补偿，但他们对市民身份的认同度较低，这与失地农民的个体特征有关，但更重要的是制度因素对他们的影响。其中，征地过程信息透明度低、农地征用和流转增值收益分配决策民主化程度不够是关键因素，影响着失地农民市民化的心理认同，失地后缺乏长期就业安置则是重要原因，制约着失地农民的市民身份归属。张劲松、杨颖②指出，目前郊区失地农民社区的治理组织体系比较混乱，公众参与不积极，自治基础薄弱，这导致了一系列问题，例如居民的身份意识和归属感都不强，参与度也较低。究其原因，是良好治理机制的缺失、农民公民精神不足、自我组织水平低下以及缺乏社会资本。沈关

---

① 李永友，徐楠. 个体特征、制度性因素与失地农民市民化：基于浙江省富阳等地调查数据的实证考察［J］. 管理世界，2011（1）：62-70.
② 张劲松，杨颖. 论城郊失地农民社区的治理［J］. 学习与探索，2013（8）：52-58.

宝、李耀锋①基于实地问卷调查数据，研究失地农民社会网络与市民化关系，得出结论：（1）失地农民是否能与新居住地的原市民建立良好关系会影响他们对公民角色的评价和认同；（2）征地后失地农民的邻里关系总体呈现稳定，但有细微变化，工具性倾向增强，其拥有的原本社会资本会受到冲击；（3）失地农民的业缘关系仍然十分脆弱和不成熟，制约了他们的市民化；（4）社区居委会在社会网络发展和失地农民市民化中发挥着重要作用。因此，有必要构建失地农民开放的社会网络，防止贫困文化的出现；扩大失地农民的社会网络，促进其社会资本的再创造；重视居委会在发展社会网络和失地农民市民化中的作用；发展失地农民及其子女的教育，增强失地农民的社会网络。

第二节　征地冲突

征地给失地农民带来的问题复杂多样，并且相互牵连、相互依存，如果没有得到妥善解决，必然会导致冲突，造成严重后果，影响政府和百姓之间的关系，阻碍经济发展，成为影响社会稳定的重要因素，也会阻碍城市化进程的推进。中国社科院公布的《2011 年中国社会形势分析与预测蓝皮书》指出，73%的农民上访和纠纷都和土地有关，其中40%的上访涉及征地纠纷问题（汝信、陆学艺等，2010）。

_____

① 沈关宝，李耀锋 . 网络中的蜕变：失地农民的社会网络与市民化关系探析 [J] . 复旦学报（社会科学版），2010（2）：99-107.

一、征地冲突的宏观历史进程

土地征收及其产生的社会冲突问题在国内外学术界广受讨论，关于征地冲突的内涵，国内外的学者们阐述各不相同。在中国，征地冲突有一条完整的历史发展脉络，其内涵也在长期的演进发展中日渐丰富，回顾这条脉络有利于我们对征地冲突内涵有更准确和全面的把握。根据征地冲突的程度、特点等，可以将改革开放以来中国征地冲突的历程分为三个阶段。

第一个阶段，征地冲突初现时期：20 世纪 80 年代到 90 年代中期，家庭联产承包责任制确立了农民的土地权益，与村集体的土地所有权形成两权分离，征地制度也在这期间初步形成，围绕各自土地权益而进行的划分、对立与争夺为土地冲突的发生提供了参与方和可能性。由于处于初级阶段，各主体尤其是初步获得土地使用权的农民正在适应与建立自身的土地权益观，权利意识相对薄弱，因此冲突仅仅限于物质性利益冲突，并不十分严重，政府和学界对其关注度均较低。

第二个阶段，征地冲突升级时期：20 世纪 90 年代中后期到 21 世纪初，随着时代发展，前期积累的矛盾出现，家庭联产承包责任制暗含不同土地使用主体间利益的分配，前期的征地制度无法解决出现的各方面问题，制度设计不完善、程序的不规范化等使得农民及村集体权益无法得到有效保障，如征地补偿与土地价值的不匹配、村民和集体之间的分配不公等。农民也进一步认识到自身的应有权益，维权意识有所提升，不仅仅局限于物质利益的争取，还会注意到征地过程中的相关政治权益，如应享有的知情权和谈判权等，他们希望得到公平公正的对待。加之国家经济建设步伐的加快，征地行为增多，违规违法征地等问题在尚不完善的征地制度下与日俱增（见图1-1），这一时期征地冲突事件相应增多，并在形式上趋于强烈，开始有暴力性、群体性事件发生。赵树凯[①]在研究中提到，1998年3月至2000年12月，农民上访信件中反映个人问题的有112封，占32.7%，剩下的都是反映群体问题的信件，有360封，占76.3%，而群体问题中最重要的一个方面就是征地问题。据于建嵘[②]的统计，从21世纪初开始到2009年，发生的群体性抗议事件中农民维权约占35%，而在农民维权中，土地问题占65%以上。

第三个阶段，征地冲突复杂化时期：近十年来征地冲突的复杂体现在冲突参与主体的多元化、利益分类的多样性上。现代化进程中土地制度也在不断改革，农村土地确权工作一直是其重点，这也是权益划分的重要依据，"三权"分置、农村集体经营性建设用地入市等政策的实施是对土地权利的进一步明晰和分配，同时引入了更多主体参与土地权益的分享，农地价值进一步提升。但土地确权是一项复杂且长期的工作，在未正式明晰和系统化之前，这带来的是更多方的利益冲突，如承包户和经营户之间的土地冲突、承包户与村集体之间的土地冲突、农户与农户之间的土地冲突、地方政府与农民之间的土地冲突、承包户与项目建设单位之间的土地冲突等。同时，在新型城镇化背景下，随着征地制度的完善，政府违规征地行为减少（见图1-1），征地造成的物质损害和权利侵害在减弱，但失地农民问题等征地次生化矛盾开始凸显，很多接

---

① 赵树凯. 四分之一世纪的农民上访 [J]. 中国发展观察，2007 (11)：41-43.
② 于建嵘. 当前我国群体性事件的主要类型及其基本特征 [J]. 中国政法大学学报，2009 (6)：114-120, 160.

受征地补偿款项之后的农民或因生活成本提高、或因没有新的就业途径、或因补偿款使用不合理甚至挥霍一空、或因无法融入市民生活等落入贫困的窘境以及陷入精神上的身份认同危机。以上两方面使得征地冲突的社会冲突性质更加显著,群体性、规模性特征自然也更为明显。张南①对地方政府及有关部门公开发布的防范征地冲突群体性事件政策文件进行关键词频数统计和话语变化分析,结果表明,从 2013 年开始,政府对于社会保障、养老保险等涉及社会性问题的关注度明显高于 2013 年以前,而对征地补偿、安置补助等物质利益性问题的关注度有所下降,政府视角侧面体现了征地冲突的新变化。

图 1-1 1999—2017 年违法土地案件涉及的土地面积变化趋势图

数据来源:中国国土资源统计年鉴。

---

① 张南. 地方政府防范征地冲突群体性事件话语产生研究 [J]. 广西社会科学,2019 (8):63-71.

征地冲突的内涵正是这样从微观、单纯的"农业生产冲突"演变成"利益性冲突""价值性冲突""政治权力性冲突""社会性冲突"等各类冲突相互杂糅共存状态，因此，需要用更全面、细致的视角去看待征地冲突并探索征地冲突解决办法。

二、现阶段征地冲突的基本特征

综合上述征地冲突历程进行梳理，发现现阶段征地冲突呈现出群体性与复杂性共存、长期性与广泛性同在、阶段性与动态性共进，共性与个性统一的特点。

（一）群体性与复杂性共存

就群体性而言，我国城市化进程不断加快，征地拆迁导致的群体性事件频繁发生，由过去农户与农户之间、村社与村社之间主要围绕资源利益纷争的民间性冲突转变为农民与政府、开发商之间的冲突，一些冲突被"摆平"，一些冲突愈演愈烈，最终演化为群体性事件。具体而言，首先，对于拥有土地实际使用权的农民来说，土地征收意味着夺取他们谋生的手段，而不合理的补偿与安置则进一步激化了农民的抵触情绪，这极易导致农民的群体性反抗；其次，宗族关系在农村地区仍然广泛存在，其形成的凝聚力、向心力也在很大程度上影响着农民共同抵制土地征收，形成规模化、群体化冲突；最后，作为天然的弱势群体，农民也同样善于拿起"弱者的武器"抵抗基层政府的侵权行为。

复杂性与群体性联系紧密。任何单一的因素都无法解释农村征地类群体性事件的复杂过程，其是在制度与政策背景、地方经济发展环境以及基层政府、开发商、农民的行动选择等诸多变量共同影响作用下的外部表现。另外，冲突是利益不同的群体之间产生不相容的行为，但群体之间的利益冲突可能长期处于潜伏状态。在土地征收过程中，除被征地农民这一群体以外，还包括基层政府、土地开发商、村委会等利益主体。对基层政府而言，征地涉及地方招商引资、经济增长和城镇发展规划，间或涉及领导者的政治收益，而被征地农民十分重视土地的使用状况与去向，进一步纳入村委会、开发商等主体则构成极为复杂的博弈网络。各博弈方均试图选择最有利于自己的策略与方法以追求自身效用最大化，由此而形成的行为博弈相当复杂，当不能找到有效的利益均衡点时，博弈往往会失败，表现为冲突爆发或进一步扩展。

（二）长期性与广泛性同在

20 世纪 90 年代以来中国的社会收益分配不公问题日益严重，存在不同程度的冲突趋势，其中很多冲突是社会上不同利益群体，特别是支配群体与被支配群体间对立的产物。在农村土地的交易和流转过程中，基层政府处于主导地位；在土地买卖中，大多采取"低价征用，高价转让"的方式；在征地过程中，基层政府和开发商对农民的补偿经常遭到质疑和抵制。尽管相关法律法规不断完善，但在当前及未来很长一段时期的城市化进程中，土地征收是必由之路，而只要进行土地征收，变更土地所有权，就必然涉及持土地的农民与基层政府之间的博弈，冲突爆发的可能性就永远存在。

当前我国正在推进新型城镇化战略，从顶层设计制定了城镇化发展目标，而在全国范围内的各省市地区，推进城镇化即意味着需要通过土地征收进行城市扩张，无论是东南沿海发达地区以及其他大中型发达城市，还是内陆地区的中小城市，都面临这一现实状况，因此征地冲突是全国范围内潜在而广泛的社会冲突。

（三）阶段性与动态性共进

在阶段性上，征地冲突表现出"潜伏—激化—缓解—未来走向"四个阶段性变化。其中，潜伏阶段受到制度性因素影响，包括土地交易流转过程中的收益分配、公共参与和利益表达等，尽管经过多年改革，我国的征地制度仍存在诸多缺陷，如征地权力过于集中、民众参与度低等；激化阶段主要受到双方互动和具体行为的影响，农民在集体上访过程中采取的计谋有"说""缠""闹""赖""踩线不越线""小闹小解决、大闹大解决"等，基层政府也形成了一套软硬兼施的"摆平术"，包括"抓辫子""拔钉子""开口子""打太极"以及"禁、堵、劝、哄、截"等；缓解阶段则着眼于博弈方的反应性调整，也就是说，冲突的解决首先需要避免"以硬碰硬"的策略，一些基层政府应对征地冲突事件的策略偏好是拖延和压制，而农民在受到不公正待遇后大多倾向于选择强硬策略来表达自己的不满，这是导致冲突升级的又一重要因素，相比之下，"妥协是解决冲突最经济的方法"；冲突的未来走向取决于征地事件平息后政府的政策调整和新的制度设计。

在动态性上，征地类群体性事件是一个动态的过程，它的演化取决于政府、开发商、农民的互动式行动策略，而且这些策略行动往往处于不断变动的状态。对征地冲突事件的解读需要采用动态的视角，需要解释政治结构、制度、政策因素与群体行为之间的关系，需要揭示各类利益主体之间的策略选择和互动如何影响和左右事件的走向。"冲突的演化过程"是一个处于群体行为和结构、制度、政策之间的一个中间层次的概念，它将征地类群体性事件的宏观背景和微观行为有效衔接在一起。

（四）共性与个性的统一

结合我国独特的政治环境，现阶段我国城镇化进程中出现的征地冲突群体性事件，主要涉及地方城镇化发展、地方政府招商引资工程、村级组织的土地交易三个方面，其涉及的冲突主体包括基层政府、村委会、村干部、开发商和村民，冲突发生的对立方不同，起因也不同，因此需要对症下药，具体问题具体分析。尽管各种征地冲突事件各具独特性，但又共同拥有着相似的冲突演进逻辑，即"土地流转/征收——方/多方利益受损—价值受到威胁—不满情绪不断积累—冲突产生—土地收益/补偿协商—相关政策进行调整"。作为一种对抗性的意愿或行动，解决征地冲突需要考察对立各方的立场及行动策略，既要从制度、政策、主体行为、策略选择等特殊性角度入手，同时也要关注各类征地冲突的逻辑演进等共同要素。

三、征地冲突的典型模式

征地冲突的形成往往是一个动态过程，起点是征地主体与被征地方在土地权益的实现问题上出现分歧，过程是双方之间相互协商与争论，结果是征地冲突事件的产生并造成不同程度的后果。因此征地冲突实际是利益失衡的博弈。博弈参与者包括政府、开发商、村委会（农村集体经济组织）和失地农民。政府与失地农民之间的博弈贯穿于征地的全过程，土地开发商则躲在政府后面。与地方政府之间的冲突主要是失地农民强烈反对政府侵犯其权利，与农村集体经济组织的冲突主要是失地农民抗议村委会腐败和补偿资金分配不公。这些冲突的具体表现形式可以分为理性行为和非理性行为，理性行为指上访、投诉等体制内方式，非理性行为指集会、罢工、占领政府大楼、阻塞交通、阻碍施工，甚至自残等方式。另外，利用失地农民作为弱势或受害方的身份获得社会同情，是当前信息社会失地农民维权行为的主要表现。地方政府对于失地农民维权的回应在各个阶段各个事件中也各不相同，包括推诿、回避、采取强硬措施、对聚集人群压制驱散、平等谈判、承诺解决困难、处置涉事负责人、重新评估征地问题等方法，大多数都是针对农民维权行为、冲突本身，而较少涉及农民关于土地的根本利益。

因此，我们以发生机理为基础，分析隐含于征地补偿中的社会冲突之下各利益相关主体的行为逻辑，可以将上述各具体行为归纳成不同类型的利益相关主体所形成的不同权利—利益结构及其所表现出来的社会冲突的典型模式：通融—顺从的消极冲突模式和压制—反抗的显著冲突模式。

（一）通融—顺从的消极冲突模式

通融—顺从的消极冲突模式是指在整个土地征收过程中，征地冲突并未出现进一步扩大，即在"冲突潜伏—冲突激化—冲突缓解—制度变革"的一般征地类群体性事件发展阶段中，由于各方均采取理性方式，使得冲突逐渐"降温"。具体来说，政府可能出于政治压力、民生绩效、监管压力等多种原因更加关注失地农民的利益诉求，因而政府采用退让、妥协或合作策略，将冲突发生过程迅速带入"缓解"阶段，使得博弈过程逐渐符合总体利益最大化的目标，进而化解冲突。依照托马斯的观点，冲突双方的策略选择是相互的，一方选择什么策略，对方就倾向于选择相似的策略予以应对，因此在通融—顺从的消极冲突模式下，征地冲突的解决是避免了"硬碰硬"的策略选择的结果，也是寻求妥协与合作的结果。

【典型案例】鄂东北Z村

1. 概况

Z村所在的S镇毗邻武汉市，距离武汉天河机场仅26千米，距其行政区划市市中心仅12千米，地理位置优越。Z村为S镇的镇中心村，亦属于城郊村，近几年随着S镇小城镇建设的快速推进，Z村大部分土地已被征收，目前全村剩余土地面积253,000m²。由于Z村所处的优越的地理位置，该村被征收土地主要转为商住用地。Z村有7个村民小组，部分村民的房屋已完成拆迁，有些村民已迁进新居。Z村大部分村民的住所都处于规划开发的范围内，目前已经有7个征地开发项目进入该村，但是关于拆迁补偿的谈判工作举步维艰，进而导致拆迁工作进展缓慢。

2. 上访—调节

正在开展征地拆迁工作的Z村，农民表现出漫天要价的姿态，以致村干部戏谑地说，农民在征地拆迁补偿上属于"按需提要求"或者说是"有着一夜暴富的想法"。

当前，对于被拆迁农户而言最为有效的参与方法是上访，不论是镇村干部的协调方法影响到他们的利益，还是在签订了拆迁赔偿协议后发现别人的补偿标准更高而反悔，他们都会选择上访来解决。据S镇综合治理办公室工作人员介绍，该部门每年受理群众上访案件中50%以上属于土地纠纷案件，其中又以征地拆迁问题最多。到市里或省里上访，对于当地村民而言是一件成本小而收益高的事情，甚至有一些人学会了上访的策略，他们打着"土地被强征"或者"房屋被强拆"的旗号来引起相关部门的关注。

Z村一位张姓农户到省里上访，表示自己的土地被强征了，至今尚未拿到征地补偿款，但实际情况是该农户与其哥哥之前就该宗土地存在纠纷，关于该宗土地的补偿款的分配二人一直无法达成协议，镇村干部多次介入调解无果。为此，村里决定对该笔征地补偿款暂时扣押，一是在这种情况下将征地补偿款交给其中的任意一人都会引发进一步的纠纷，二是村一级试图通过该方式给双方施压，希望他们早日达成补偿分配合意。

Z村的李姓农户长期坚持到镇综合治理办公室反映其房屋被强拆一事。实际情况是，李姓农户通过一些渠道获知自己的耕地属于规划开发的范围后，在未办理任何手续的情况下在耕地上建成一栋两层的楼房，后来该楼在区里组织的联合执法行动中被作为违章建筑强制拆除。事实上，该农户早在两年前的征地拆迁项目中就获得了新的房屋，并已入住，她本来想通过"种房子"在将来的征地拆迁中获得更多的补偿，但并未如愿。

3. 协调—谈判

征地拆迁补偿协议的达成往往是各主体之间多次互动的结果，即"讨价还价"。从Z村征地拆迁的实践来看，由于开发商介入征地拆迁的积极性高涨，一些开发商会绕过镇村干部直接与农户展开协商。谈判是建立在一个给定的补偿标准之上的，这个标准是当地征地拆迁补偿的一般标准，被征地拆迁农户会在这个给定的标准上加码，普遍的情况是农户提出的要求非常高，导致Z村农户与开发商之间的利益协商僵持一段时间。

李某是Z村六组农民，2010年征地拆迁项目涉及她家一套一层两间的房屋，当时该房屋造价只有几千元，由于其弟与村干部的关系要好，李某委托其弟与村干部协商，希望能够获得高于一般标准的补偿。2010年S镇的拆迁项目补偿标准一般是拆迁房屋与还建房屋按照1:1.1的面积比进行赔偿，如果拆迁房屋本来是沿街的，则补偿门面还建房。为此，村干部找开发商进行协商，最终李某获得了3间门面房的补偿（被拆迁的两间房屋并不沿街），这是当时最高的补偿标准，3间门面房总价值60多万元。在项目开发完成之后，李某顺利地搬迁住进新居。但是Z村的拆迁项目还在继续，并且在新的开发项目中，拆迁补偿标准又提高了，李某听说别的地方补偿标准更高，遂开始后悔，认为当初的拆迁项目给予自己的补偿标准太低。为此，她多次以拆迁补偿协议非她本人签订为由到村委会反映问题，并到镇综合治理办公室反映问题。

在Z村村民与开发商博弈的过程中，镇村干部在二者之间斡旋，一方面给农户做工作以降低他们的补偿诉求；另一方面给开发商做工作以提高他们提供的补偿标准。

Z村的土地征收过程一直潜藏着冲突，而由于村镇干部的退让、妥协，加之实际与村民进行补偿协商的是开发商，因此并未发生实质性的群体性征地冲突事件。但需要注意的是，基层政府与相关村镇干部的反复协商与谈判，直接导致征地拆迁补偿成本增加，征地补偿的公平性也难以保证，强势的被拆迁户可能获利更多，弱势方则出现利益受损，从而可能培育出"土地食利者阶层"。

(二) 压制—反抗的显著冲突模式

压制—反抗的显著冲突模式是指在整个土地征收过程中，博弈各方的互动方式和具体行为极易导致冲突的激化，也就是说，在土地征收过程中，在出现一方或多方利益受损的情况下，利益损失方的不满情绪得到积累。另一方面，基层政府、村委会、开发商等主体在维持既有开发状态和实际利益的意愿下进行暴力压制或联合压制，使得冲突升级，进而，失地农民采用过激方式以引起媒体和公众的注意并向政府施压，如集体静坐、围堵交通等，从而诱发更严重的冲突。总体而言，压制—反抗的显著冲突模式中，呈现出"失地农民维权—基层政府暴力压制—失地农民采用过激方式—冲突加剧"的阶段变化。

【典型案例】乌坎事件

1. 卖地历史

1993 年后，广东陆丰市乌坎村原村支书和村委会主任开始陆续卖地，而村民没有从中得到任何好处。发现大量土地被村干部私下买卖后，乌坎村民们聚集商讨村内征地问题，随后决定派出上访代表分头前往各级政府反映土地被非法变卖的问题。

2. 冲突潜伏、不满情绪积累

由于村委会在关键的土地买卖问题上顾左右而言他，从 2009 年 6 月开始，乌坎村民代表分赴省、市、县、镇政府上访达数十次，但他们提出的要求均未得到满意的回应，还不时遭到村委会和乡镇政府的打压，部分村民代表先后被拘捕，每晚都有警车拉着警铃在村里空旷地方巡视。随后，村民封路"护村"，"20多个人才能抬动的树桩，被放到各个路口，每个路口派十几个村民守着"。之后双方剑拔弩张，再没有对话的机会，局势日益恶化。

3. 矛盾激化，冲突爆发

2011年9月22日，当发现村中有施工人员和机械在作业后，"乌坎村民们奔走相告，几个年轻人甚至拿出大喇叭，在村口吆喝着要将此事查个清楚"，随后，村民砸毁了"霸占"土地的施工车辆和工具，又返回村委会赶走了里面的工作人员，之后试图强行进入乌坎村的防暴队、特警与村民发生冲突，最终酿成大规模的群体性事件。

4. 冲突解决

2011年12月20日，广东省成立工作组进驻陆丰市调查处理乌坎事件。省工作组被细分为土地问题、财务问题、村干部违法违纪问题、村委换届选举问题等专项工作组，每个专项工作组都对外公布联系电话，随时倾听乌坎村民的利益诉求，部分违纪干部被处分。工作组"民意为重、群众为先、以人为本、阳光透明、法律为上"的真诚表态让一度情绪激烈的村民的心态趋于平和。在乌坎村维权组织——临时代表理事会的积极配合下，事态得到控制。随后在陆丰市干部群众大会上，负责处理乌坎事件的省委领导强调："乌坎事件……是经济社会发展过程中，长期忽视经济社会发展中发生的矛盾积累的结果""乌坎村群众的主要诉求是合理的，基层党委政府在群众工作中确实存在一些失误，村民出现一些不理性行为可以理解。"乌坎村民反映说："听了这

49

番话，我们的怨气可以一口气发出来，真是见着包青天了。"

乌坎事件中，基层政府在初始阶段选择了回避策略，无视农民的合理诉求，并在后续过程中采用暴力镇压的方式，迫使民众失去耐心，开始采取破坏性的方式予以应对，并导致大规模的群体性事件，最终开发商失去已经到手的"土地"，民众付出伤亡的代价，基层干部被免职或"双规"。实践证明，强制—暴力行为是征地冲突激化的主要因素。强制和暴力的手段也许能暂时压制初期的冲突，但潜在的冲突会以更严重的形式爆发出来。

第二章

征地冲突的研究

在执行城市—农村一体化战略过程中，如何找到解决快速城市化与保护失去土地的农民权利和利益之间矛盾关系的正确途径，是一个不可避免的现实问题，因此，众多学者对征地冲突及其治理展开了丰富深入的研究。

通过对中国知网、中文科技期刊数据库及万方数据知识服务平台学术文献数据库的检索，本章归纳分析了近15年来中国土地利用冲突方面的相关研究进展。首先，在中国知网中按"篇（题）名"用检索词"征地"（与）"冲突"进行检索（截止日期为2019年9月28日），结果显示中国知网共收录文献165篇。由图2-1可知，征地冲突的研究在2009年至2013年期间经历了一次快速增长阶段，2013年至今维持在每年发表20篇的数量水平。

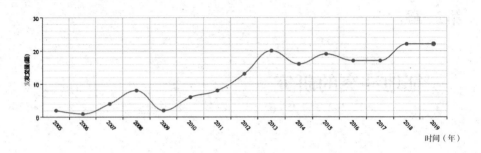

图 2-1 "征地"（与）"冲突"发表年度趋势

从主题分布图来看，对于征地冲突的研究主要集中在征地对象——失地农民的相关研究上，另外也对征地的参与各方及产生的群体性事件关注较多。

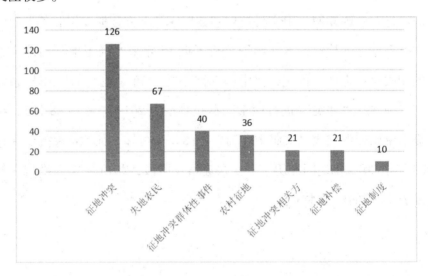

图 2-2 "征地"（与）"冲突"发表主题分布

通过以上简单的文献梳理，本章选取了其中具有代表性的文献进行分析，从前人的研究中探寻征地冲突的全景。目前国内外关于征地冲突的研究总体来说可以分为三类：征地冲突相关方的行为研究；征地冲突的原因研究；征地冲突的治理研究。

第一节 征地冲突相关方的行为研究

征地冲突相关方的行为研究，即研究并解释在征地冲突中各利益相关方的行为选择和逻辑，并据此给出规避冲突的各方行为建议。在这类研究中，主要以案例研究来表现冲突的形式，也即农民的行为选择，也有不少研究分析不同主体间的博弈关系，包括建立博弈模型求解与理论分析等。

一、以冲突的表现形式展现行为的选择

征地冲突的形成往往是一个动态过程，起点是征地主体与被征地方在土地权益的实现问题上出现分歧，过程是双方之间相互协商与争论，结果是征地冲突事件的产生并造成不同程度的后果。众多文献都通过案例描述了征地冲突的表现形式，体现了冲突各方的行为选择。研究最为集中的是被征地方，即农民的行为选择。总体来看，被征地农民在征地冲突中的表现形式包括直接对抗和间接对抗，直接对抗性的行为选择具体有集会、打横幅标语、示威游行、暴力上访、械斗、以死威胁、阻塞交通、妨碍征地施工等，间接对抗性的行为则涵盖请愿、越级上访、借助舆论造势等方式。

　　在中国语境下，关于当代农民的反抗有两种观点。第一种观点认为，农民维权活动建立在农民权利意识发展的基础上，具有政治化倾向。从这一角度出发，主要的解释框架包括"政策性抵抗"或"正当性抵抗"和"依法抗争"。"正当性抵抗"分析了农民在国家层面上利用国家法律和政策，从政治和经济角度维护自身的政治和经济权益。"依法抗争"是以"政策性抗争"为基础的，但农民的维权活动也从以权益为基础的抗争发展到以政治权利为基础的抗争，抗争者在一定程度上有组织化，形成了初步的制度化决策机制，努力实现渐进式的改革议程。然而，另一种观点认为，如今农民的反抗仍然是无组织的，农民通过权宜之计和二元组织来表达群体利益，这是一种模糊的政治性质，同样，农民似乎通过"顽强的武器抵抗"获得了话语权和博弈优势，这实际上反映了他们在基层治理中的弱点和"边缘化"。位于前两者"中间地带"的另一个视角是"理性合法的反抗"和"常规的反抗"，农民的这种策略是基于农民的自身理性。

　　可以看出，农民群体在土地权益冲突中处于相对弱势地位，他们借助"弱者身份"进行维权抗争以获取更大的土地利益，这种"弱者身份"在我国的制度背景下演变为农民的维权武器。农民的维权行为选择策略主要取决于以下几个方面：自身强烈的利益诉求、国家法律制度规定、农民自身权利意识、农民公正观与乡风理念、社会力量组织化能力。具体情况的差异导致农民在征地冲突中做出不同的行为选择。

二、从多主体间利益博弈展开行为研究

　　在征地冲突中涉及不同的利益相关方，除了地方政府、农户以外，

还有中央政府、开发商、村委会（农村集体经济组织），许多学者从不同主体间的利益博弈展开研究，其中一些运用博弈模型，这首先需要确定博弈的主体，但大多数研究在建立博弈模型时只将地方政府、农户作为博弈的双方，或者将中央政府纳入进来，在三者里两两建立博弈模型。

（一）双方博弈

在征地冲突中，地方政府与农民的行为都是由自身利益需求所决定的。在双方博弈过程中，农村纠纷机制对征地冲突下地方政府与农民的互动逻辑有重要影响。谭术魁、涂姗①构建了地方政府和失地农民两方博弈模型，地方政府的行为选择是违法征地、合法征地，失地农民的行为选择是维权、不维权，通过分析二者各自行动的成本、收益，得出无论是政府违法征地行为，还是农民维权行为，都与维权成本及收益有着直接关系。

农村征地冲突是政府与农民间土地收益分配博弈失衡产生的现实表征，农民和地方政府在博弈中地位并不平等。对于赔偿低、参与难、平等协商缺失的强行征地，失地农民因受教育程度低下，知识和能力贫乏，理性水平欠缺，他们在面对国家语境下的政府强行征地及开发商的强势时无能为力，完全处于劣势。

但是，地方政府与农民作为博弈双方，彼此行为相互影响。鲍海君

---

① 谭术魁，涂姗. 征地冲突中利益相关者的博弈分析：以地方政府与失地农民为例 [J]. 中国土地科学，2009，23（11）：27-31，37.

等人①认为失地农民的维权行为在上级政府部门的介入下部分实现了其目标，并在一定程度上抑制了地方政府的违法征地冲动。Hui 和 Bao②利用博弈理论建立了合法征地冲突的动态模型、非法征地的博弈模型和土地黑市场的博弈模型三种模型，解释争议和冲突如何演变，并说明了地方政府与农民之间冲突的逻辑和策略，增加了对土地黑市政府与农民的行为选择的分析，并对农民面对公共利益与私人利益的不同行为分别展开探讨，更为细致合理。通过以上模型的构建和分析得出，面对公共利益征地时，农民倾向于让步；而对于个人利益，他们会挣扎。然而，当地方政府与农民就个人利益进行土地征收谈判并提供额外补偿时，则会出现新的冲突。制度缺陷是造成这种土地冲突的主要原因，这些缺陷是由管辖土地征收的法律中的矛盾和不一致造成的。

（二）三方博弈

中央政府、地方政府与失地农民的决策行为都与自身利益目标直接相关。在中央政府与地方政府、失地农民的博弈中，主要考虑中央政府在地方政府违规时监管尽力的收益、中央政府实施介入的成本、监管失效带来的损失等因素；在地方政府与中央政府、失地农民的博弈中，主要考虑地方政府选择违规的额外收益、中央政府对地方政府违规的罚款等因素；在失地农民与中央政府、地方政府的博弈中，主要考虑失地农

---

① 鲍海君，方妍，雷佩. 征地利益冲突：地方政府与失地农民的行为选择机制及其实证证据［J］. 中国土地科学，2016，30（8）：21-27，37.

② HUI E C M，BAO H. The Logic behind Conflicts in Land Acquisitions in Contemporary China：A Framework Based upon Game Theory［J］. Land Use Policy，2013，30（1）：373-380.

民上访的概率、上访的成本等因素。以中央政府、地方政府和失地农民三者为博弈方，邹秀清等人①从农户与地方政府、农户与中央政府、地方政府与中央政府两两之间的博弈关系中探讨各方主体的行为选择，认为农户的维权行为以及中央政府的监督检查会对地方政府的违法征地行为起到约束作用；中央政府采取监督检查的概率与地方政府违法征地的收益呈正向关系，与对地方政府的经济处罚和政绩的损害呈反向关系；农户维权的概率与地方政府违法征地时的收益呈正向关系，与农户维权成本、地方政府征地补偿标准的提高和对其政绩的损害呈反向关系。

此外，研究也关注其他主体。慕良泽等人②将村委会作为地方政府和农民以外的第三个重要主体，村委会同时作为地方政府的"代理人"和农民的"委托人"，其角色的偏离可能加剧土地征收中的矛盾与冲突。鲍海君等人③借助"刺激—反应"模型分析失地农民、政府、开发商三大主体，阐明冲突中各利益主体的行为方式、演化过程及其与环境之间的相互适应机制。

在农村征地冲突中，政府与农民是最核心的博弈主体，从不同主体利益博弈视域分析冲突相关者的行动策略，以一种关联性视角分析农村征地冲突，能够挖掘不同主体行为中的问题表征与深层诱因，厘清征地冲突各利益主体的行为逻辑及其与宏观环境的交互作用机理，从而为发

① 邹秀清，钟骁勇，肖泽干，等. 征地冲突中地方政府、中央政府和农户行为的动态博弈分析［J］. 中国土地科学，2012，26（10）：54-60.

② 慕良泽，赵勇. 利益博弈：土地征收中多元主体的行为逻辑研究：基于文献梳理及其反思［J］. 地方治理研究，2020（1）：31-42，79.

③ 鲍海君，赵佳茜，羊一帆. 征地冲突的复杂性及主体刺激：反应模型［J］. 中国土地科学，2012，26（10）：61-66，74.

现征地冲突的产生原因提供理论参考。

第二节　征地冲突的原因研究

征地冲突产生的原因多种多样，概括而言，我国土地征收冲突主要源于国家制度政策缺陷与利益相关者之间的博弈，可以分为多因素研究与单因素研究展开分析。

一、多因素研究

关于征地冲突影响因素的研究很多，大多通过案例实证分析或理论推理得出诸多因素共同影响征地冲突强度的结论。

从征地制度程序层面看，征地程序、征地补偿制度不完善是征地冲突发生的主要因素，地方政府行为偏离合法程序是引爆征地冲突的重要原因，包括征收土地不遵循法定的程序、地方政府和建设单位非法强行征收土地、土地征收补偿和安置问题突出、乡（镇）政府、村委会及少数干部行为失范、地方政府对征地纠纷与冲突的管理缺乏成效等，严重损害农民利益。从信息沟通与共识层面来说，征地相关信息的传播是否畅通、征地方应对问题能力的强弱也是影响高强度征地冲突出现概率的主要因素。

多因素研究指用多个影响因素共同解释征地冲突的产生，从征地制度构建与实施的不同层面、环节与主体出发，综合分析征地冲突的成因，为提出解决征地冲突的对策提供基础。从以往研究来看，多因素研究模式对征地冲突形成动因的解释具有综合性、结构性的特征，但多停留于概括性的理论分析，对深层原因缺乏具有针对性的解释。

二、单因素研究

相比多因素研究，以某一点着手，从微观层面对单一因素的研究显得更有针对性，这些研究从社会制度层面对农村征地冲突的制度诱因进行定性揭示，聚焦于征地补偿、征地安置以及配套制度不健全等。

（一）征地补偿

单因素研究最为集中的是征地补偿领域，农民抗争的根本原因在于对获取自身利益的诉求，对利益分配不公的反抗。征地补偿涉及征地补偿费标准、征地补偿费的分配、征地补偿的方式等，征地补偿效果与农民期待不符是产生征地冲突的直接原因。

征地补偿费标准对征地冲突的影响。从征地制度运行成本来看，被征地农民的收益远远低于其需要承担的成本才导致征地冲突的产生，现行征地制度运行的外在性成本和间接成本是十分高昂的，应当以间接成本最小化、外在成本内在化为导向，从全成本角度建立征地补偿安置新机制。

征地补偿费的分配情况对征地冲突的影响。关于征地补偿费分配的研究多集中于分析地方政府、开发商、农村集体以及农户等主体两两之间的关系与利益协调问题。补偿分配是否公平直接影响着农民抗争行为是否发生，分配公平对暴力反抗、信访行为和网络申诉有负向预测作用。比如，村集体内部农户之间分配不均会造成农户对征地的不满，进而导致征地冲突，而农户之间征地补偿分配不均，其根源是集体成员权和土地承包收益权的冲突，逐步建立起产权相对明晰的土地制度是减少征地冲突的根本途径。另外，在住房拆迁中，因为建房质量、面积、新旧以及装修不同，农民之间的补偿标准会有所不同，这为农户提供了博弈的空间。地方为保证拆迁速度，会暗中给予"钉子户"好处，但这种做法一旦传开，会让其他被征地拆迁农户产生不公平感，这也是造成征地拆迁冲突与上访的极为重要的原因。

征地补偿方式对征地冲突的影响。现行征地补偿费用标准并不低，但征地冲突却较以往更为频繁，解决征地拆迁中出现的博弈冲突和征地拆迁后失地农民返贫与找补问题最好的办法并非一味地提高补偿标准，而是改进现行补偿办法，建立一个真正实现"长远生计有保障"的运作机制。

（二）征地安置

征地冲突最关键的因素是被征地农民觉得安置不合理。从制度安排来看，征地安置有时未能实现妥善安置被征地农民的政策目标，征地安置在导向、操作及实施等层面仍存在突出问题。首先，在总体导向上，各地存在"重拿地、轻安置"的问题。其次，从具体操作层面来看，征地安置缺乏科学、统一的操作制度规范，存在征地人员安置行为主观性、随意性较强的问题。从安置方式的实施成效而言，大多采用一次性发放补偿安置费的方式，缺乏长期保障。最后，从征地安置的具体内容来看，被征地农民的利益诉求包括可靠的生活保障和生活来源，农民对居住和就业两方面预期的实现情况与冲突发生的可能性成反比。因此政府应该在征地后为农民创造更好的就业和居住预期，建立征地信息共享和反馈机制，以健全就业和住房保障体系。

（三）配套制度不健全

在征地过程中，征地相关配套制度主要涉及行政行为合法性界定、司法审判制度、纠纷解决机制、监督问责机制以及社会保障制度等方面。征地相关配套制度为协调好公平与效率的关系提供保障。

在关于征地行政行为合法性的相关规定中，公共利益条款是使各国或地区的财产征收权的行使具有正当性的唯一理由，即集体土地征收制度中的"公共利益"。各地违法征地、暴力征地等现象时有发生，公共利益界定的制度缺陷是导致征收权行使失范进而激发征地冲突的一个重要原因。征地行政行为的合法性是土地征收的前提，提高其行为合法性能够降低司法成本，厘清行政部门的弱点，有助于防止本地区现有的行政及司法冲突，更有利于解决征地拆迁和移民安置问题。在征地司法审判中，农民在寻求法律救济的同时往往面临正式司法制度带来的挑战，我国的政治、行政和司法当局偏向于维持严格且具体的规范，而非提出更具适应性和可行性的代替方案，现行的司法审判制度、纠纷解决机制无法解决土地纠纷案件，这为土地冲突的发生埋下了隐患。

征地过程中的村民骚乱并非直接针对中央或地方政府，而往往与基层干部的不当行为，如公然操纵、公开腐败等做法相关，这进一步证实了当前农村政治制度在权力、财富分配和社会公正方面的不足。因此，建立有效的监督问责机制预防此类问题的发生成为规避征地冲突的重要途径之一，应该寻求深入到受影响村民中并赋予他们权利的政策机制。

（四）其他相关因素

此外，征地冲突还有其他一些影响因素。民主与权利意识加强是征地冲突的发生前提，农村地区在利益博弈中不断演化出具有权利意识的社会群体，失地农民权利意识发展诱发了征地冲突，尤其在不同的补偿标准的比较中，激发了农民的维权意识。

在城镇化背景下，过快的城市扩张是引发征地冲突频繁发生的重要原因，城市扩张速度对征地冲突有显著的正向影响。Li 和 Vendryes[①] 提出房地产活动会导致更多的乡村土地重新分配，也就容易引起更多的土地冲突，即城市活力影响中国农村农民的土地权利。在城镇化进程中，城市对农村地区征收土地面积扩大，征地活动更为频繁，但发生冲突的根本仍在于国家征地制度程序不完善。政府导向下的快速城市化过程中的空间扩张，并不能适应以"强规制、弱管理"为导向的不健全的社会渐进转型，这导致城乡结合部发生大量围绕着征地拆迁问题的社会利益冲突。

农民对征地结果的预期也影响着征地冲突。城乡建设与城乡关系的变化，导致农民对征地结果的心理期待也在不断变化。城乡差异是广大农村人口普遍期盼征地的根本原因。但 20 世纪 80 年代经济体制改革以来，随着城乡管理方式的变迁尤其是城市单位制的解体，农村人口对城市生活也有了与以往不同的体验与感受。面对征地，他们的心态更为复杂：一方面"盼征地"；另一方面"抗征地"，在"倍增"的不安全感

---

① SHI L, VENDRYES T. Real Estate Activity, Democracy and Land Rights in Rural China [J]. China Economic Review, 2018, 52: 54-79.

中产生了无休无止的博利行为，引发了诸多矛盾纠纷。

农村社会不同阶层间各方面的差异会造成征地过程中不同的意愿和行为选择。农村各阶层冲突是造成征地冲突的根源之一，各阶层的矛盾互动造成中低层的农民群体与政府的对立升级，逐步演变成为征地冲突，因此促进农村内部的和谐团结是减少征地冲突的一种方式。在征地冲突中，农民进行自身权利的建构以应对公共权力的失范，公共权力和农民权利建构互动是影响征地冲突发生的重要原因。基于此，土地冲突的化解一方面要加强对公共权力的约束，另一方面要更好地落实法律赋予的村民自治权利，前者旨在从根本上消除土地冲突产生的根源，而后者能最大限度地减少秩序风险。

有关征地冲突成因的相关研究从国家制度与法律建设、城乡关系与结构、乡村社会阶层、农民心理因素、民主与权利意识等各方面分析了农村土地征收冲突的症结所在，对治理农村征地问题具有重要意义。

第三节　征地冲突的治理研究

征地冲突治理的研究可以分为两大类：对冲突的预防和对冲突的管控，即防范治理与化解治理。

一、防范治理研究

对于征地冲突的防范治理就是从风险角度看待征地冲突，在征地实施前对因征地可能引发的矛盾纠纷、不稳定事端等社会稳定风险进行调查、预测和评估，这对于减少征地冲突的发生有着十分重要的意义。为此，第一要建立起因征地冲突引起的社会稳定风险评估指标；第二要完善和建立风险评估体系和制度，并考察风险防范的绩效，不断健全征地风险评估机制。

（一）征地风险评估研究

2010 年，征地风险评估制度被正式纳入征地制度体系，此后国内学术界掀起土地征收社会风险的研究热潮。征地风险评估制度指的是对征地项目进行预警，并提出规避社会风险的管控措施，实现从源头上预防和减少土地征迁带来的矛盾与冲突的目的。

国内学者从定性视角研究征地社会风险的居多。丁宁等人[1]通过对土地征收风险评估制度进行研究分析，发现现行征地风险评估制度存在评价程序不完善、评价对象不确定等问题。杨芳勇、沈克慧[2]以社会燃烧理论作为构建房屋土地征收社会稳定风险评估体系的理论基础，运用三要素评估方法将理论中的燃烧物质、助燃剂、点火温度分别对应房屋拆迁项目、利益诉求、舆论与沟通，并结合模糊综合评价模型对房屋拆迁中产生的社会稳定风险进行评估。田柏栋等人[3]基于机制设计理论，依照"信息有效利用、资源有效配置、激励兼容"三个机制标准，建

---

[1] 丁宁，金晓斌，李珍贵，等. 征地社会稳定风险评估规范化研究［J］. 中国土地科学，2013，27（1）：20-25.

[2] 杨芳勇，沈克慧. 论房屋拆迁社会稳定风险评估体系的建立［J］. 南昌大学学报（人文社会科学版），2012，43（6）：51-56.

[3] 田柏栋，武泽江. 土地征收社会稳定风险评估机制［J］. 国土资源科技管理，2014，31（5）：8-13.

构了一个多方参与的"分析—协商—论证"决策模型，并对土地征收社会稳定风险评估机制的具体运行过程进行了解释说明。杨晨①在分析与比较国内外土地征收评估的实践研究经验的基础上，尝试通过完善六步评估程序、建立风险应急预警机制以及明确多元化评估主体职责等方面来提升征地风险评估体系的规范性。

从定量视角来看，学者们用不同的方法和理论架构建立了风险评估的指标体系，且在建立起指标体系的基础上进行了实证检验，以确定指标体系中各指标权重和指标体系的合理性、有效性，部分研究还根据数据得出所调查地区的各指标的风险指数、风险等级，给出相应的减少这些高危指标以降低征地冲突发生率的具体政策措施。

根据征地冲突可能带来的危害，王波②运用流程图法和系统分解法，在识别土地征收项目各个环节风险诱发因子的基础上，构建了房屋征收社会稳定风险评估指标体系。肖建英、谭术魁③认为征地冲突风险因素和征地冲突后果风险因素一同组成完整的征地冲突风险，其中征地冲突风险因素是指各利益主体在征地过程中出于不同的权益目的而产生的对抗行动的诱发因素，征地冲突后果风险因素则是指分析出冲突行为所导致的一切不利后果，据此建立起一套完整的征地重估风险评估指标

---

①　杨晨．土地征收社会稳定风险评估体系规范化研究［D］．天津：天津商业大学，2017.

②　王波．国有土地上房屋征收与补偿社会稳定风险评估研究［D］．南京：南京师范大学，2012.

③　肖建英，谭术魁．基于模糊评价法的征地冲突风险测评［J］．统计与决策，2015（5）：44-47.

体系。谭术魁等人①将征地冲突风险划分为人员伤亡、经济损失、社会危害和政治危害等，在此基础上进一步细化，建立起征地冲突后果评价指标体系，并选取了400多起征地冲突案例归纳总结引发征地冲突的各因素，将其分为4类，选取征地项目审批合法性等13个指标作为二级指标，建立起征地冲突预警评价指标体系，为由征地冲突引起的社会稳定风险评估提供了两个比较科学的量表。

从征地程序的不同环节出发，王良健等人②结合现有的法律法规、相关理论，选用事故树的方法筛选指标，构建农村土地征收易引发的社会稳定风险评估指标体系。该评估指标体系从三个环节考量，包括土地征收环节、补偿安置环节和征地后农户生产生活环节。评估体系指标权重的确定采用层次分析法（AHP法），用综合评价方法得出各风险值并根据数值进行五等分的等级划分。研究还通过分析给出每个环节中每个风险点的大小，例如，最容易在征地环节中引发社会稳定风险的风险点是听证次数，最容易在补偿安置环节引发风险的是安置途径等，并提出对应的降低征地冲突风险的具体对策。

学者们试图在建立征地风险评估指标体系的基础上建立更为规范化的风险评估体系和制度以更好地防范征地冲突。胡琴等人③提出要结合征地试点经验，采用定性与定量相结合的评估方式、完善评估流程和评

---

① 谭术魁，张南．地方政府防范征地冲突群体性事件话语研究［J］．中国土地科学，2016，30（9）：4-11.

② 王良健，陈小文，刘畅，等．基于农户调查的当前农村土地征收易引发的社会稳定风险评估研究［J］．中国土地科学，2014，28（11）：19-29.

③ 胡琴，吴克宁，王桂华，等．基于征地试点的社会稳定风险评估体系探索：以定州市和和林格尔县为例［J］．中国国土资源经济，2018，31（2）：54-59，67.

价的指标体系、增加评估监管和预警机制等规范征地社会稳定风险评估体系。丁宁等人①认为明确征地风险评估的定位和重要性、完善征地风险评估体系、优化征地风险评估程序、建立健全征地风险评估的配套机制和监督机制是目前用以规范征地风险评估制度，提高运营科学性的必要措施。

（二）征地风险防范绩效研究

地方政府的预警机制和应对措施是否能对复杂多样的征地冲突产生应有的效果，需要在何种条件下、多大程度上能够尽可能地发挥出最大作用是值得关注和思考的，即征地冲突防范成果。目前关于防范绩效评估的研究目前还很少。李雅楠和谭术魁②关注由征地引起的群体性事件的防范绩效，从其内涵和影响因素入手，考虑防范绩效的形成机制，第一，按照组织结构将防范主体分为三个层次：地方政府、防范单位以及工作人员；第二，将防范绩效指标化，抽象成为四大要素：投入的经济性、行为的有效性、产出的效率性和结果的效益性，据此构建起地方政府征地风险防范绩效评估体系。

征地冲突的防范治理除了风险评估机制的建立外，作为防范的主体——政府，其某些行为措施也值得关注。目前，对于防范征地冲突群体性事件的研究，主要集中在防范机制的建立和预警系统的完善，而忽

① 丁宁，金晓斌，李珍贵，等. 征地社会稳定风险评估规范化研究［J］. 中国土地科学，2013，27（1）：20-25.
② 李雅楠，谭术魁. 征地类群体性事件防范绩效评估：理论与实证［J］. 中国土地科学，2017，31（9）：89-96.

略了在防范过程中各行动主体的某些微观层面的因素。谭术魁和张南[①]的研究聚焦于地方政府在征地冲突中使用的话语，结合定性（演绎、归纳和解释）和定量（结构方程模型）方法，从文本向度、实践向度和社会向度三个维度分析了地方政府关于防止征地冲突群体性事件的话语。定性上，描述这些话语并分析这些话语的产生、扩散和接收，阐释话语的社会效果；定量上，以湖北省武汉市洪山区的调查问卷数据为基础，实证测度地方政府防范征地冲突群体性事件话语的有效性和影响程度。话语的有效性对建立良好的政府形象有显著的正向作用，良好的政府形象是缓解征地冲突的重要因素。

二、管控及化解治理研究

对冲突的管控和化解治理，学者们从当前治理的问题、效果及治理应用的手段、方式、主体等方面进行了探讨。

（一）治理存在的问题及治理的效果

农村土地征收中的冲突成因和治理过程具有明显的跨界特征，当前农村土地征收冲突的治理主体"碎片化"、法律政策的"碎片化"以及治理机制的"碎片化"造成了许多治理难题。征地冲突的发生暴露了我国政府治理的分散性，包括四个方面：管理机构的分散、组织职能的分散、责任机制的分散以及信息和数据的分散。根据整体治理理论，土地征收冲突的管理必须着眼于"协调"和"整合"的逻辑，并通过治

---

① 谭术魁，张南. 地方政府防范征地冲突群体性事件话语研究［J］. 中国土地科学，2016，30（9）：4-11.

理主体、制度、组织、责任和技术五种途径来构建整体治理战略。

相比征地冲突对社会经济和稳定造成的威胁，当前征地冲突治理工作总体上严重不足，呈现出治理主体单一、方法简单、效果不佳、效率低下等问题。针对征地冲突的"关系"治理，征地冲突治理应以征地过程中的社会关系为治理对象，征地冲突的"关系"治理可以从对农村社会干群关系的治理、对征地人员工作方式和工作态度的治理、对征地领域腐败的治理和对征地补偿分配的治理四个方面展开。征地冲突治理主体应实现多元化，除了显性的治理主体，如地方政府等，我国征地冲突治理潜在主体包括农民自治组织、农村非治理精英和中立第三方。征地冲突治理应基于"共赢"逻辑，当前征地冲突治理逻辑具有明显的"零和"特征，"零和"逻辑可能会严重影响征地冲突治理效果，甚至产生相反的效果，而"共赢"逻辑的核心是改征地利益分配的"零和"博弈为"合作"博弈。基于上述维度，征地冲突治理手段应不断创新，应选择适合征地冲突治理的若干治理工具。

随着社会法治的进步，征地冲突也呈现出新的变化趋势，即从事项性冲突扩展到社会性冲突，征地冲突主体从涉事利益群体扩展到身份利益群体，为了应对社会性冲突，需要加强冲突治理机制的公共化建设，包括不同意见的表达机制、对立观点的交流机制、冲突利益的整合机制、争议事项的裁决机制、对抗行动的制动机制等。

（二）治理的主体

作为被征地对象，农民处于信息、权力、资源不对称的弱势地位，保护农民权益的关键是充分发挥农民的治理作用，而引发冲突的一个重要诱因就是农民不能广泛和有效地参与征地实践的过程。具体来看，农民参与缺失首先会直接引发失地农民维权行为从而导致冲突；其次，对政府来说，缺少农民参与即缺少有效监督，从而导致部分征地失范行为，以及政府无法与乡村有效沟通而忽视当地非正式规则，从而引发冲突；最后，农民与用地单位之间的信息不通畅也会导致博弈灰色化从而引发冲突；等等。土地征收中的各主体地位、力量不等同，公权强势、私权弱势，相互之间信息不流畅、不对称，常常呈现出公权对私权的漠视，这也正是征地冲突和暴力化的根源。因此，农民参与征地实践对保护利益公平有关键意义。

　　然而，农民参与征地实践受到重重现实制约。首先，征地制度不健全，无法保障正当合法程序，农民的自治功能无法得到有效发挥；其次，征地双方力量悬殊，农民相对属于弱势群体，农民自治无法发挥功能；最后，村集体内部干部权力不能得到很好监督，农民政治权利意识较低，参与征地实践的意愿和能力有限，影响征地冲突治理的效果。因此，要围绕农民自治努力解决上述问题，构建"国家有限主导—农民主体"的征地治理模式，发挥好基层组织自治力量，让被征地农民参与征地过程，是解决当前征地冲突的最有效途径之一。

　　当前我国征地冲突的治理是以政府为主体，并主要采用行政手段，将事中控制和事后解决作为治理目标的治理模式，整体上治理行为较为消极，治理效果不佳。应当秉持协同治理的理念，即让多元化的治理主体参与进来，进行协商和对话，相互合作，并在平等的基础上共同制定规则。国家有国家的秩序，村庄有村庄的习惯，解决乡村社会冲突治理困境的关键，必须在相互尊重、彼此社会认同的基础上，遵循国家宏观框架的主导，邀请乡土知识、乡土文化以及地方性知识的拥有者协调多元共治，使乡村社会走向良序。

（三）治理的方式和手段

面对征地冲突治理难题，众多学者从法律手段、协商治理、管理技术、工程手段、信息技术等方面为完善征地冲突治理提出对策。

法律手段。目前，我国农村土地征收冲突的法律治理面临社会法治观念薄弱、相关法律法规不完善、行政法治机制不健全、司法审查机制难以有效解决问题等缺陷。通过完善冲突治理的法治化，能够有效解决当前征地冲突治理的困境，在农村征地冲突法治化的过程中，应当遵循及时应对原则、比例原则以及多元参与原则，采取强化依法治理理念、完善征地管理法律规范、健全征地行政法治机制以及提升司法审查的效能等策略。

协商治理。马光选[①]从"风险逻辑"的角度出发考察征地拆迁，发现征地拆迁中的风险权势结构存在"势不可当""势不两立""势均力敌"和"因势利导"四种结构类型，与此相对应的，会出现"冲突息止""冲突生发""冲突激化"和"冲突化解"四种演化态势。基于此，冲突治理机制由"强势治理"向"协商治理"的转变，是有效遏制征地拆迁冲突的关键。谈判是解决冲突的主要方法和重要工具之一，具有成本低、附加费用少、见效快的特点，应该在政府与农民、开发商与农民之间建立沟通机制，在面对冲突扩大时，需要采取理性的退让策略和合作策略，避免激化策略和对抗策略。

---

① 马光选. 征地拆迁冲突演化机理与治理机制的风险政治学考察［J］. 云南大学学报（社会科学版），2015，14（6）：96-102.

管理技术。从表面看，农村征地冲突来源于征地制度的缺陷，但征地冲突本身是极为复杂的跨界性社会问题，更加间接和深层的原因是社会管理方式过于离散化带来的管理失效。因此，不能仅仅强调加快征地制度改革，还应该积极构建基于社会管理创新的征地冲突协同治理机制，"双管齐下"才能成为预防与化解农村征地冲突的有效良方。

工程手段。在当前征地冲突解决机制的问题上，社科领域中传统的冲突调解机制比较局限，引入一些在工程实践领域得到证明并行之有效的方法和思路，如TRIZ创新方法等，不仅可以改进基层社会治理方式创新、有效预防和化解冲突，也可以为各种社会冲突调解模式提供新的视角与思路。主体方和参与方引入没有利弊二重性的TRIZ技术进化规律及发明原理等，在一定程度上系统地补充并完善了现有传统调解方式，提供了完善人民调解制度、司法调解制度等传统解决机制的思路，并为党和政府管理农村干群双方、运用社会资源及政府政策制定方面提供具体的建议和对策。

信息技术。基于信息化时代背景，关注互联网作为治理手段的运用和成效。在邳州市征地冲突案例的分析中，公民通过互联网平台进一步拓宽了自身依法行使权利的渠道，政府在互联网技术下显著提高了信息公开的效率，也减少了信息不对称等问题。面对新的政治生态和现代通信技术发展带来的机遇和挑战，应顺势充分、有效地利用互联网，使其成为减轻征地冲突的"安全阀"。同时，也要认识到互联网存在的潜在风险，避免其成为征地冲突的"催化剂"。

综合上述对以往征地冲突研究的概述和分析，可见征地冲突的研究已经十分丰富，涉及的方面也非常多样化，其根本研究目标是解决或减少征地冲突的发生。总体而言，目前的研究可以分为三大类，包括征地冲突的行为研究、征地冲突产生的因素分析和征地冲突的治理研究（见图2-3）。已有研究已经较为全面地包含了征地冲突的不同维度的问题，基于此，我们可以对未来的征地冲突研究进行一定的展望。

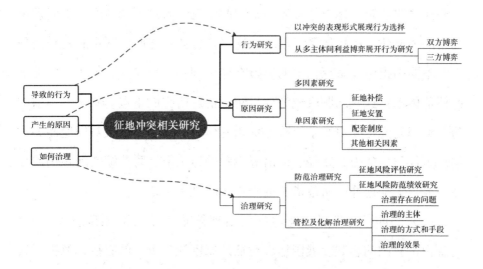

图2-3　征地冲突相关研究总结

（1）在对冲突各方的行为研究中，使用最为普遍的是博弈模型，得出的结论也十分相似，但模型只是对现实社会的简化，难以表现出真实行为选择的复杂性。过多地局限于对某种模型进行研究，容易忽略其他影响因素。运用不同理论模型对冲突各方的行为进行研究，有利于更全面地分析丰富、复杂的行为，更加真实地拟合现实社会，加深对征地冲突中各方行动的理解，从而提出更多、更好的问题解决策略。

（2）征地冲突产生的因素是征地冲突问题最为集中的研究领域，但通过分析可以看出，对该方面的研究更多地聚焦于单因素，并以案例研究为主，宏观层面的多因素研究较少，并且无论是规范性研究还是实证研究都缺乏一定的理论基础。因此，对于征地冲突产生因素的研究，今后应在实证研究的基础上进一步探讨理论来源、探究理论创新。

（3）在防范治理研究中，对征地稳定风险评估指标体系的建构仍需要探讨建立统一标准。首先，不同的研究者通过不同角度、不同理论和不同模型建立指标体系。但是，这些指标体系之间的联系和差异是什么？不同的指标体系评估出的风险有何区别？如何建立更为统一、准确的评估体系？这些问题应成为今后防范治理研究的重点。其次，当前的防范治理研究主要集中于风险评估指标体系的建立，以及对征地冲突群体性事件防范能力、路径、话语等主题的讨论上，防范绩效问题仍需加强研究，为征地冲突防范措施的修正、改良提供依据。

（4）当前，对我国征地冲突的治理侧重于单方面强调农民利益，而忽视了我国的客观发展国情，对征地制度缺乏辩证的看待，忽视了其正面效果。应当从历史的角度、发展的角度、实证的角度不断地完善征地冲突内在机理的分析研究，提出客观性、全局性、发展性的政策建议。

第二篇 02

制度适应的逻辑

第三章

制度适应的梳理

在我们根深蒂固的理念里，政策像是厨房的调味品，任何地方只要使用就能出现美味佳肴般的政策前景；政策像是最理想的途径，任何国家只要使用就能绘制出宏伟蓝图。其实不然，在政策实践的过程中问题频发，反映了政策从制定到实施需要经过反复的摸索和分析，其实也是一个对比和分析的过程。本章将对政策分析理论进行全盘梳理，并在此基础上理解制度适应理论的背景及其导向。

第一节　政策分析的演变

一、逻辑实证主义

（一）启蒙先哲思想

1. 精神模型

与这一模型联系最为紧密的哲学家是笛卡尔（Descartes，1641），他提倡理性思考，回归精神本身，但是这一理论受到了以洛克和休谟为代表的经验主义的质疑，他们认为知识来源于外在。在此基础上，康德（Kant，1787）认为自然不能自发创造知识，是人类精神的分类能力使得宇宙事物变得有意义，这一理论的颠覆性就在于它认为人类具备定义真相和现实的能力。这一理论带来一个问题——人类集团（不是个人）如何达成共识来共同行动？这就谈到了普遍性原则，即需要真相先于经验，才能使得不同人群达成共识。毫无疑问，政策的落实需要达到普遍性，然而这在实际中似乎难以实现。

2. 功利主义

与功利主义联系最为紧密的是杰里米·边沁（Jeremy Bentham，1789）和约翰·斯图亚特·穆勒（John Stuart Mill，1863）。这一理论认为一项方案是否合适，关键在于通过推理计算这项方案是否能够使每个个体利益最大化，从而使社会利益最大化。边沁提出的功利主义理论最大的贡献在于不仅考虑个体，而且提出了个体的总和——集体的概念，集体的意志就是不同个体意志的相加。这一理论代替了康德提出的道德推理，但随之而来的问题在于如何进行个体利益最大化的测量。

（二）经典理性模型的发展

经典理性模型包括经验主义、决策模型、实证主义和逻辑实证主义等，此处聚焦于纽曼—摩根斯坦模型（见图3-1）。冯·纽曼（John von Neumann）及摩根斯坦（Oskar Morgenstern）以功利主义提出的个人利益最大化为出发点（Neumann-Morgenstern，1944），提出个人模型和集体模型。

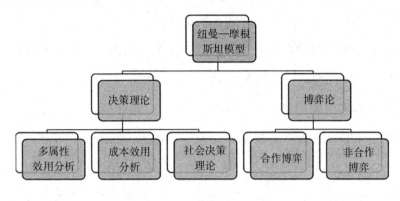

图 3-1 纽曼—摩根斯坦模型

1. 决策理论

决策理论即个人判断理论，个人需要判断、赋值和评分使每个选项得到最高分选项。对于多个人来讲，就是将每个人的方案评分相加得到最高分方案。这一理论带来的一个问题就是需要存在一个个体不是以自身的状态而是以相加总和的状态，去选择和保证最高分方案得以顺利实施，这也是此理论的假设所在。

决策理论发展出来的"多属性效用分析"和"成本效用分析"方法论，体现了决策理论对功利主义的继承与发展——个人效用用数字表达，通过运算得出集体答案。社会决策理论虽然也是源自个人模型，但并不是采用运算的方法，而是采用排序的方法，来统计每个个体对不同方案的个人倾向，再依据多数原则或者其他规则得出结论。

2. 博弈论

决策理论假设的对立面即博弈论，也就是说很难存在一个个体去主持最高分方案。每个个体独立自由地选择使自身利益最大化的方案，会产生什么样的后果？这正是博弈论所关注的。

合作博弈论假设个体之间可以达成一个共同协议以便相互约束，个人根据协议来调整自己的决策。这相当于达成了一个共同契约，每个人都能因为被此契约约束而获得相应回报。在同种情境下，会形成多少种、什么样的契约，正是合作博弈论所关注的。吉利斯（Gillies）及沙普利（Shapley）共同提出了"核心解"这一概念，表示符合所有约束条件的可能协议的集合。这些可能协议足够令所有参与者或所有参与者子团体满意，因为若不加入协议联盟，没有人能获得更好的回报（吉利斯，1953；沙普利，1952）。纳什（Nash）构想了一个公理方法以塑造一个双人博弈的解概念（纳什，1950）。

但需要考虑的是，在缺少权威（中心决策者）和监督的情形下，个体之间达成了协议后该如何实施呢？在这种情况下，个体之间没有协作，最大的可能性是追求自身利益的最大化，也就出现了非合作博弈。后来的理论家将纽曼—摩根斯坦模型加以拓展，提出了包含两人以上参与者的非零和博弈和贝叶斯纳什均衡的概念。

需要注意的是，首先，纽曼—摩根斯坦模型源自选择模型——比较和选择得出"最佳"，其假设前提是各种影响决策的因素都可以在同一维度和平面上进行比较，也就是说所有的影响因素都可以用同一效用和价值尺度进行度量。如果无法对影响决策的因素进行比较，也就无法选择，那么纽曼—摩根斯坦模型就无法得到使用。其次，在纽曼—摩根斯坦模型中，计算和运算可以脱离实际情境，甚至若分析者是不熟悉和不了解实际情境的人，还更能公平、理性地思考，做出最好的决策。

逻辑实证主义由启蒙先哲的哲学思想发展而来，精神模型和功利主义的区别在于前者更加考虑人类利益最大化，后者更加关注个人利益，强调个人利益；纽曼—摩根斯坦模型是对功利主义的继承和发展，分为决策理论和博弈论（见图3-2）。这些理论均对政策分析产生了影响，但是我们必须承认逻辑实证主义实质上是将人类与外界环境分开，有一定的局限性。同时，这些模型理论均有难以解决的问题，成为后来流派发展的支点。

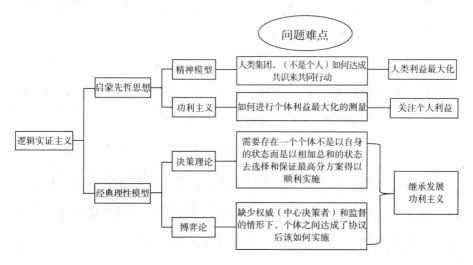

图 3-2 逻辑实证主义框架

二、后实证主义与建构主义

后实证主义始于阐释学传统，对公共政策领域影响深远，是公共政策分析的突出转折点，也为政策分析带来了更多视角。例如，政策可被视为文本进行诠释；政策可被视为对话，主体之间进行沟通使得政策有意义；政策也可被视为社会建构的意愿和需要。显而易见，无论哪一种观点都表达了对经典模型的挑战。

（一）反对思潮体系

实证主义起源于启蒙先哲们的理性与知觉，反对思潮体系正是针对这一点进行批判的。这一体系的代表人物是维特根斯坦（Wittgenstein，1922），他对实证主义"逻辑"这一概念本身提出了疑问。他与同流派的哲学家们开启了一扇大门，得到通向实证主义者—理性主义者典范外的新建构。

（二）法兰克福批判主义学派

法兰克福批判主义学派对经典理性模型的批判最为持久和全面，同时推进了源自马克思（1887）和马克斯·韦伯（Max Weber，1864）作品的思考。法兰克福批判主义学派发展了马克思关于在劳动力商品化的过程中人类被异化的论述，进一步阐释了异化是如何被完全实现的，不仅通过劳动生产体系，同时也通过艺术、广告、流行文化和人类社会的各个层面对人进行渗透而发生。马克斯·韦伯对经典理性模型进行了全面、彻底的批判，他假定社会有着不可逆的理性化趋势，也就是说社会机制的转型和社会进程是由工具价值决定的。在法兰克福批判主义学派的努力下，理性化的概念得到了进一步深化，其认为理性化是人类控制自然的原始驱动力。法兰克福批判主义学派的继承者哈贝马斯（Habermas，1987）提出理性形成于主体之间的交流，而不是由单独个体产生的。

（三）批判经典教育模型流派

实证主义认为知识的传播是单向的模式，是由专家经过测量和测定后，原封不动地传给学生的，这一经典教育模型源自技术理性模型。这种主张受到了保罗·弗莱雷（Freire，1973）的强烈批判，弗莱雷通过开设新课程使得学生成为自己发现知识的专家，对这一传统主张进行了有力的反驳。弗莱雷的这些方法后来被广泛应用于农村发展事业，寻求将发展中国家农村人口从从属地位中解放出来的方法，实现了农民参与式治理的不断推广。这一流派的代表人物还有约翰·杜威（Dewey，1925）和阿吉里斯及舍恩（Argyris & Schön，1974），他们提倡行动学习，认为学习需要从实践中获得。

（四）现象学派

约翰·杜威和阿吉里斯及舍恩的观点得到了现象学派的认同。这一学派既不认同理性主义坚持的知识单纯的形而上观点，也不支持实证主义坚持的"知识是被客观量度的现实存在"的形而下观点。他们认为真相来自经验，只不过他们所指的经验不仅仅强调实践，也强调个体的主观理解。

（五）解释学派

与实证主义相反的解释学派的观点更为激进。解释学派的伽达默尔（Gadamer，1960）认为，用科学方法去理解真理是不可能的，也就是说，科学方法所提供的确定性不足以保证真理的获得。

解释学派认为如果根本不存在终极意义，那么所有事物最终都依赖于（可能是无止境的）解读、阐释。伽达默尔认为就算是行为也可以被视为提供解读的文本（伽达默尔，1960）。由于文本的意义是流动变化的，所以作者提供的概念是有待商榷的，文本可以被不同的读者解读为不同的意义。

因此，更加重要的任务是，我们需要理解和研习哪些不同的意义正在被交流，以及这些意义是如何被建构、争论和解决的。伯格（Berger）和卢克曼（Luckmann）将社会学和政治学的维度引入了意义的问题中，并且提出意义是社会政治力量中的一场竞争（伯格和卢克曼，1966）。另外，制度本身就是社会建构，使得社会中的力量集团得以维持和实施。从本质来看，政策是意义建构的结果。

在多数情况下，阐释包括以一种或多种协调的叙述总结政治情境，而又更进一步寻找传统或原型叙事情节来展现某个特定的叙述。同时，文本分析可以以不同的规模进行。

在解释学的拥趸者看来，文本是一个符号系统，符号系统是直接由字面意义表示的意义结构，还有一些意义却是间接而具有比喻性的（利科，1981）。当试图理解一个新的文本时，读者会尝试去"猜测"所读内容可能表达的意义，这些猜测当然不可能是中立而完全无偏颇的，因为总会受到个人偏好、训练、历史和信念的影响。伽达默尔更进一步地指出这些偏颇必须能够被诠释，以保证它们不会彻底地将一些可能的陌生诠释和新意义排除在外（伽达默尔，1960）。

如何判断诠释是不是正确可靠的呢？是否所有的诠释都应该被平等接受，还是其实它们之间存在优劣之分？应如何衡量呢？我们将读者从文本中获得的最初诠释称为扎根情境，即我们以其是否与相关情形的情境相一致来检验或评估对文本的原初解释。如果我们将一部分文本放入完整的情境中解读，语境便能帮助我们将这一段文本与整个情境联系起来。这一行动可以分几个阶段发生，例如，一个人可能从文本出发拓展至情境，又通过情境证明或否定一些可能的解读，而另一个人可能采用相反的方法，从情境出发解读文本，从中寻找更深一层的解读。这个过程被称为解释学循环（Hermeneutic Circle），见图 3-3。

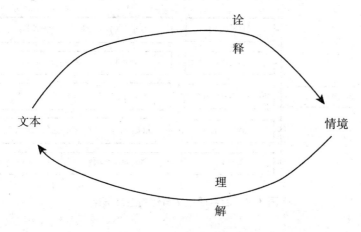

图 3-3　解释学循环的展示

实证主义分析强烈要求可验证性和可重复性，而解释学分析则追寻比实证主义更深入的意义，这是实证主义分析与解释学分析之间的区别。在解释学分析中，分析者无可避免地将其历史、理解方式和主观偏好带入分析中，分析任务的同时也要求分析者秉持开放的态度接纳新的意义、新的假设和惊喜。

见图 3-4，作为思想的转折点，后实证主义学者们认为主体可以以主观解读对意义进行诠释，理性并非存在于个人理性中，而是存在、发生于主体间的沟通过程中（哈贝马斯，1984）。同时，后实证主义学派指出知识不是单一的，它还有更多样的表现形式；知识是被诠释出来的，是社会建构，也是权力载体。在后来的发展中，后实证主义也根据自己细分的观点各立门派。例如，尼采和福柯认为知识作为权力统治的机制之一，代表权力；语言哲学家认为知识是对知识所有者资格要求的建构；哈贝马斯认为知识的获得途径是主体间的交流和论辩。

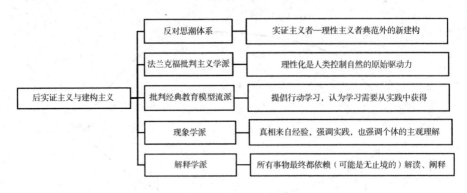

图 3-4　后实证主义与建构主义框架

从这一刻开始，政策分析者不再仅仅作为权威的代表单向传授知识，而在后实证主义不同学派的主张中变为斡旋者、拥护者、权力关系间的节点，抑或是言论社会的一部分。

三、后建构主义

要想在文本与实际环境之间搭建桥梁，跨越其间的鸿沟，涉及两个方面的问题，一是理论与实践的分离问题，二是政策制定与政策实施之间的分离问题。

（一）实用主义

皮尔士（Pierce，1905）最早提出了实用主义的定义，他认为可通过该现象对现实造成的影响来理解现象。从此处便可以看出，皮尔士的实用主义与实证—经验主义的本质不同在于他们对真实的概念化有分歧。实用主义学派另一代表人物詹姆士（James，1975）将"效果"解释为"我们对所讨论事物所持有的经验以及我们对其的反应，这包括了纯粹的主观经验和反应"。他认为理论概念并不是生产知识的概念性复制品，这一观点与现代哲学家罗蒂（Rorty，1980）的"科学不是对自然的反射"的观点不谋而合。因此，实用主义学派认为真实不能通过观察获得，人类总是在不断地追求接近真实。

实用主义的另一代表人物杜威（Dewey，1925）进一步地发展了实用主义的运用性，他认为如果理论能够被有效地运用就是一个好理论，通过讨论可以检验论辩和实践效果进而决定出一个更好的理论。他更向实践靠拢，他所创造的认识论认为，学习来自个人在实际参与世界的过程中不断检测和发展自己的理解。不同于现象主义者，杜威并没有那么本质主义，对他来说，真理和知识总是暂时的，要遭受来自真实体验的不断冶炼检验。罗蒂将杜威的主张进行拓展并推向极端，罗蒂认为是对话将人类引向了社会建构主义的真实观，不存在确定的主张。

可以看出，实用主义流派总是在经验主义和建构主义之间徘徊。实用主义的贡献在于其承认客观真实的存在，将人类从理想主义的禁锢中解放出来，也将人类关注的方向放到真正重要的问题上来，而不是只关注"非此即彼"的问题，是针对"如何"提供解决答案，为分析者提供了一个直面发生在日常中的复杂的、多维度的真实语境上的机会。但是实用主义也有其局限性，认为我们的思维是掌握不了绝对复杂和不透明的真实的，除此之外，实用主义的方法论是倾向于经验主义的方法论的。

（二）新制度主义

新制度主义流派的理论家们，例如诺斯（North，1990），再次强调了"制度的重要性"，他们认为决定制度是否有效的关键因素在于制度中的细节和更加精致的设计。新制度主义流派的理论家们认为检验一个想法优劣的标准在于是否能够帮助人类拥有好的生活质量，向不同地方灌输政策理念不是真正紧要的，真正重要的是地方根据政策理念贴合的操作设计。新制度主义流派关注人类和社会功能，更加注重实践领域，这促使更多人开始寻找描述和分析"实践"的更佳方式。

（三）批判现实主义

批判现实主义流派认为真实是分层次的，但我们自己无法认识到。代表人物如巴斯卡（Bhaskar，1979）和邦格（Bunge，1979），他们认为我们对不同层次的真实只能有不同程度的理解，并且指出经验、事实、真实为三个主要的本体。不同于经验主义只将真实认为是可观察的事物，批判现实主义认同知识是有缺陷的这一观点，认为我们对客观事实的认识永远都达不到正确。

对于历史上占据统治地位的机制和模式，研究者想要针对其规律性和生成机制寻求更加复杂的解释，可以尝试"纵向"研究方法——例如个案研究——和"横向"研究方法——例如比较研究——等相结合的研究方法。同时，批判现实主义流派认为语言并不能诠释穷尽社会现象，总有社会现象是语言不能诠释的，这是因为我们的行动是受历史、文化和关系语境共同影响的。

实用主义、新制度主义和批判现实主义都坚定地站在"实践"这一边，这就要求我们必须反思主观与客观之间的鸿沟，也就是反思二元划分的结构和主体，此处涉及两种理论——结构理论和代理理论。结构理论认为社会现象等是个人的载体，分析者只需要关注系统性过程，这实际上忽略了个人的作用；正好与结构理论相反，代理理论更加关注个人本身，个人的动机和行动都是代理理论关注的范围，主张个人应当根据自己的偏好进行自由选择。

吉登斯（Giddens，1984）认为个人和社会建构之间的作用是相互的，个人的行动被社会建构的背景影响，受到社会建构的约束，甚至行动本身就是对社会建构的反射，而个人作为行为主体，社会建构在很大程度上就是个人行动的结果。相比于吉登斯结构理论将重点放在宏大社会运动的主张，布尔迪厄（Bourdieu，1990）的观点更体现语境和个人的特点，认为个人行动受到社会建制的约束，这种约束称为"场域"，不同的场域有其自身的历史等，个人的行动会受到这些构成因素的影响。这给我们的分析带来了新的方向——通过社会建构来认识个人行动，首先需要探讨的是个人的认识性真实，并了解这种真实是如何被个人所经验的。

（四）体验主义

体验主义论述的模型将政策理解为体验，认为体验仅指一个人（或组群）在政策情境中表现出来的认知方式。同时，体验主义模型企图将体验的丰富性由同样丰富的分析视野反映出来，也认为分析者并不是"事不关己"，而是身处其中。相比于理性—实证主义模型分析者通过对一个静态政策对象的仔细观察和测量获得其对政策情境的理解，建构主义模型分析者并不测量而是建构或创造了政策文本。建构主义分析模型强调真实性，即我们所诠释的政策情境与政策参与者的真实经验相比较，究竟在多大程度上能够反映真实情况。与这二者相区别，体验主义认为，分析并不依赖于测量或建构，而是依赖于体验。

为了帮助我们理解体验的复杂性，体验主义将体验类比为几何图形，若将一个几何图形投射在平面上，会看到简单的平面图形，从不同的角度来看，投射的平面图形也是不同的，这些平面图形都仅是几何图形的一部分。体验也是这个道理，具有多面性，现有的政策分析只是反映了真实政策情境的一部分面向，例如，在功利主义模型中，所有事物都被简约至效用平面上，而在一些批判性理论中，所有东西都被理解为权力和统治。无论是何种政策分析，其实本身都是理论自治的，但是我们要意识到，在这些分析中，我们却常常要面临丧失真实性和形成伪诠释的风险。

体验是一个扎根主义模型，以真伪性作为首要标准，推崇排除化约，而尝试更加接近体验的复杂性本身。因此，有必要寻求发掘一个情境的不同面向的步骤，以及如何将不同的知识整合起来，即"深描"（Thick Description）。同时，我们要认识到政策是在过程中渐渐形成的，并非先于行动（或实施）而存在。政策建构以一种扎根习得的方式发生于行动中，这一将政策制定和政策实施的融合或许可以更恰当地表述为"政策行动"（Policy Action）。体验分析模型强调的是：（1）覆盖政策情境的不同面向以形成体验；（2）将它们整合为一个和谐贯通的知识整体；（3）政策方案和行动与其所深描的政策语境之间的联系。

体验主义模型的代表人物是布伦塔诺（Brentano，1874）、胡塞尔（Husserl，1913）和海德格尔（Heidegger，1927），他们认为主体获得一个物体的意义本质的方式不是通过经典分析模型所提出的观察，而是通过体验。胡塞尔提出了"把存在加入括号括起来"（Bracketing of The Existence）的理论方法，将客观真实的问题摆在一边，仅仅关注体验、认识和印象；现象主义（Phenomenology）号召"回到事物本身"，认为体验便是一切，相应地，无论是观察者的体验抑或是参与者的体验，分析者需要致力于对体验的纯粹描述（Pure Description）。现象主义者寻求对日常生活体验的纯粹描述，即通过一个人与整个世界的关系所折射出来的真实性，而非理性主义者或功利—经验主义者所寻求的至善。

体验主义指出学习和政策必须扎根于一个具体的情境，不将政策分析者从一个政策文本中抽离出来，视为中立的观察者。政策文本被视为现象，它只能通过某个人对其的体验而被了解。需要注意的是，这其实与本书的后建构主义倾向完全相融——虽然我们可以通过不同的方式获得体验，然而一个不断被接近的真相却是存在的。现象的观察和学习并不仅仅是两种可以被用在话语中的可选建构，而这一体验性知识本身便是真实。而一个分析者紧接着需要做的，便是将这一体验的多样性和丰富性传达出来，并将其牢固地与政策过程相联系。

与其否定所有置身事外的客观"分析者"，政策分析更倾向于将研究者视为民族志学者，而非一个客观的观察者。通过将更多不同的知识和表现敞开分析，分析者得以更加贴近研究对象的体验，而不再需要伪装成为一个具有十足能力的"本地人"。在此，"能力"（Competence）指的是通过不同的方法深入了解不同的体验领域，与这一学习模式相仿的还有另一概念，称为行动式学习（Learning-In-Action）（舍恩，1983），并可被应用于政策分析领域。这一政策分析模型要求我们坚持通过参与政策问题，获得政策反思的方法论。这迈出了至关重要的一步，开始与传统的笛卡尔式的思维方式分道扬镳，不再分离意识和自然、主观和客观，而是走向一个只能通过与他、其他人和其所处的环境的联系了解其自身的客体。

政策方案要想奏效，便需要回应该政策情境本身，以及其复杂性本身，而这一概念便驱使我们对深描的追求。政策情境被视为一个现象，它并非通过一个既定的分析模本被显现，而是在分析的过程中显现其自身。在这个意义上，任何政策建议都应该直接从问题的描述中得出，这才能使政策行动的设计更加贴近情境本身的本质。

首先，这需要我们使用多重政策"语言"或描述方式，更具体地说，我们要运用最适合分析某一政策情境的多重方式。分析者需要具备一定的运用不同政策视角的技巧，抑或是通晓该情境的"本土"话语。更好地理解一个政策情境，需要运用多种描述模式，还需要了解身处这个情境中的人是使用何种话语描述它的。其次，分析者需要一定的技巧，使得其能够辨别独特的认识方式，并在一定程度上将这一情境"翻译解读"给更广大的政策观众。若我们想了解受政策直接影响的人的实际体验，便需要寻求阐释的多重模式。为此，我们需要足够的学术技能，使得我们足以勾勒出不同的角度。从更广的角度来看，分析者还需要具备设计甚至管理参与过程的技巧。

体验主义模型需要分析者掌握、整合一系列特定的方法论，这并不仅仅是将不同的信息组装起来，简单地揉为一团；而这其中的关键在于整合（Integration）——即是说，将不同的知识贯通整合。分析者必须将不同的知识完整地整合进一个贯通的整体中，并使各部分互相契合。这一行为试图一体化地重塑个人体验，并不仅仅是将不同的信息组或信息维度各自重塑，而是将其重塑为一个贯通的整体。

无论是来自政策行动者群体还是分析者个人，整合时需要反思：当所有的知识整合为一体时意味着什么？把不同的数据放在一起时能找到哪种一致性？作为一个整体它们提供了什么见地？在整合知识的过程中又呈现了哪些不一致性？这些不一致性的可能原因又是什么？从每一个证据中我们可以收获什么新知识？最重要的是，这些证据是否对于政策行动者来说是真实的，即与他们的体验相符？这一反思的过程必然是循环性的。实证主义模型与体验主义模型的区别见表3-1。

表3-1　实证主义模型与体验主义模型的区别

	实证主义模型	体验主义模型
逻辑	是一个高度的线性过程，从最初的假设开始到假设的验证结束。 分析者远离实际个案建构假设，将假设灌输进具体情形中，并进一步验证实际的数据是否与其假设相符	是非线性的，假设源自一个不断循环的过程，在这个过程中，政策受益人分享知识、反思它们，进而开始整合信息。这是一个扎根性的研究，在此，理论源自实践（格拉泽、施特劳斯，1967）
知识	将知识局限于一个狭隘的类型，在个案中，即由标准化的正式问卷调查所收集到的统计数据	引进了认识的多种途径，足以探索各种不同类型的信息。例如，定性见证数据、问卷调查数据和照片

续表

	实证主义模型	体验主义模型
分析	现实只是被以符合或不符合分析者的假设被进行检验，最终得到的是一个"非黑即白"的结论（相关假设成立或不成立）。 标准是可重复性和可信性	分析意味着整合，即是说，将不同的信息融合在一起，将情境作为一个整体完整还原。 标准是政策描述是否能真实体现体验
目标	目标是获得数据证据支撑	目标是行动
学习模式	将学习局限于前设的模型中，即将通过测量验证假设作为学习的目标	学习包括发现新的不曾被触及的假设、分享知识和反思

体验主义模型为分析者提供了强有力的视角，使得分析者由此制定能够回应真实情况、可以即时应用，以及尊重在政策文本中发现的具体情形的政策。而为这一模型提供一个绝对性的应用范本却并不容易。事实上，具体的分析过程设计随着每一个具体情境的不同而有所不同。

（五）一致性

政策（特别是那些能够引起改变的政策）并不是单纯地从高处降落到潜意识领域的概念。确切地说，政策是在情境范围内随着现实演变的。这样一来，政策解决方案就很有可能把政策情境的广度和复杂度匹配在一起，因为政策情境包含现实中的社区、突发事件以及动态过程。换一种方式来理解就是，如果政策解决方案要想有效率并紧跟随形势，那么它就必须要从某种程度上、在不同方面"适应"当时的情境。

促使如此进行政策分析的首要原因是政策必须找到与现有统治模式、社会结构，以及社区本身之间的联系。这样一来，一致性就描述了一项政策措施是否能够或者是否已经与当地的生活方式融为一体。一致性的其中一方面就是一项被提议的或者已然进行的政策，与当地已经存在的管理架构之间的联系；另一方面，它关系到一项政策是如何与当地居民的日常生活保持一致，并由此融入他们的生活方式中的。基于这些原因，我们就不仅仅要聚焦于政策的正式性，而更要关注当地居民的日常生活习惯。需要注意的是，一项新政策在很大程度上可以嵌入到一种环境中，以使环境回应这项政策。再者，政策分析也需要考虑重新设计现有制度或提议新制度的方法，以使所提议的计划之间有更多的一致性，这些都是有可能实现的。即使一项政策不能达到完全一致，社会环境也会最终进行调整，使得周围环境与新制度互相适应，这也是可能实现的。

一致性意味着原本的文本可以从某种程度上适应各自的环境，实际上，政策归根到底是当权者从一个地方运用到另一个地方的文本，因此政策是需要以有形形式实施于一个地方的，这就至少要有一定程度的一致性，也就是说，政策不可能在每一种情形下都完全一致。同样的道理，将文本融入现实就已经引发了政策施行方式的实际转变。这样一来，制度就已经不是同质现象了，而是多型现象。换句话说，如果一种制度能够适应某种特定的情境，那么它就应该展现出与在其他情境下演变出的另一制度的差别（可能这种差别是微妙的）。研究不同的情境，我们应该找到这些制度设计上的某些多样性。

因为政策是围绕着某些特定的支持（或对立）制度在一个地区施

行的，我们需要明白，政策从某种程度上展现了一定的多型现象。在现实中存在着很多不同的政策方案，甚至多于我们可以设想到的各种选项，所以多型现象就对政策产生了实际的影响。

基于同样的原因，我们需要足够深入地去了解一项政策丰富的特殊性，来找到该政策与它在其他情境中推行时可能产生的微妙差别。在这个分析层面中，我们需要探索更高层次的复杂性，这就把分析从政策文本的摘要层面部分地过渡，使得该政策可以嵌入到情境更丰富的层面。相应地，政策分析需要不断地发展描述和分析这种复杂性的方法。为了拥有足够深刻的洞察力，至少我们所进行的一部分分析就需要不断地与情境挂钩。否则，我们就不能理解情境中的哪些元素可以支持或者限制一项提议政策。

首先，一种制度要成为制度，它首先要在一个地方维持下去，也就是说，制度和它所依附的环境必须在某种程度上相互适应。其次，很多情况下，政策和项目都是在资源紧缺的状态下运行的，有时并没有足够的预算和其他资源去支撑整个制度。因此，项目策划者就可能需要利用这个地方的某些资源。基于以上两个原因——适应性的概念以及即兴创作的概念，我们应该期望制度可以反映特定情境中某些独一无二的特征。

政策分析有史以来都是一种简化的实践，但是在丢失所分析文本维度的同时，也丢失了文本的相关性。分析制度一致性的意图不是要进行分类，因为分类显然是一个理性主义的实践，而真正的意图在于把制度当作社会现象来研究，因为理解社会现象需要通过"经验"并基于现实。所以，分析就要试图超越分类模式而进行"深描"。要进行深描就要进入一个概念里，并深入探究它在施行过程中的独特性和不同分类，直到我们找到它足够丰富的多样性。

分析家的角色是要去解释政策为什么在颁发后不可行，以及政策的什么特征可能会防止它的失败。在这样的分析中，一致性概念可以是强有力的工具。另外，就是考虑制度支持的概念，也就是说，什么制度（被研究的情境）可能支持或者帮助维持所提议的政策，而什么制度可能会阻碍它。

运用这个分析模式可能会让政策报告呈现出全然不同的面貌或形式，因为它可能牵涉更多的本地色彩，以及呈现出对于发展案例分析、情境描述的更大注意力，还可能让研究者花更多时间在分析领域中。其原因就在于这种分析类型的重点并不在于分类（如效用理论中的可量化的技术分类），而是描述。

我们必须要问的是，如何把这种分析类型与政策制定联系在一起？我们经常可以发现分析报告中描述了不同的元素：可能是制度分析、能力建设、社会影响评估或者其他名词。完整的研究可能更深入到制度一致性的内部，也可能只是大型计划或政策研究的一部分，这样的联系性可以代替所提议政策或热点公共对话的改良品。然而，当一个有系统性的外力去把政策建议与实际活动联系在一起时，分析就可能产生强有力的影响。

一致性意味着密切关注实际区域的情境。当我们回到现实和情境时，在分析中还有足够的可以演绎的空间吗？答案就是其中必然有一个可以做演绎的部分，但是对于政策情形更适当的描述是多重的、现象学的现实。我们并不是设想所研究的现实是一个被测量、被记录的客观现象，因为制度和政策是需要被经历的。把制度看成经验，我们就进入了现象学的概念：我们不可能把自己从经验的现实中抽离出来，经验是复杂的，它不像效用和文本一样能被简化成一个一元概念，具有时间和地点一致性的制度分析不是简单的演绎性实践。而我们要认识到，不同的实践和制度之中共存着不可否认且多维度的模式，这些模式在很多情况下、特定情境下互相支持，我们要考虑的是情境性和复杂性。

　　总而言之，后建构主义强调应当区分开政策和政策模型，政策不仅仅是构建，也应该实现实体化，参与现实（见图3-5）。

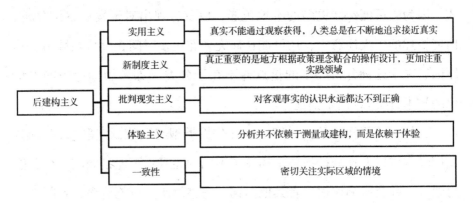

图3-5　后建构主义框架

　　见图3-6，在政策分析的过程中，实证主义强调感觉经验；后实证主义认为对给定的一个文本、表征和符号有无限多层面的解释可能性；后建构主义抛弃了简化主义方法论，强调实践体验和文本与实践的一致性。从实证主义到后实证主义与建构主义，再到后建构主义，每一个新建构的思想都是为了解释前者流派遗留的某个问题难点，如何使政策得到落实是政策分析追寻的终极目标。

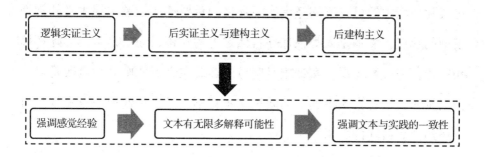

图3-6 政策分析的流派演变

政策在应用的过程中，或多或少地要适应环境的特殊性和突发性。这就带出了一个相关概念，即情境化、语境化——随着本地参与者更多地参与，政策本身进行演变去适应当地实际的过程。如果一项政策不是单纯地强加于当地，那么在某种程度上，它就必须演变并去适应当地的情况。如果情境化发生了，或换句话说，文本和语境（情境）一定程度上融合了，那么我们就应该预料到，本地利益相关者的行为将对政策的改变有或多或少的影响。如果政策要去适应各种不同的语境（情境），那么他们就应该展现出相互区别的元素。这便是建构制度适应的背景。

第二节 制度适应的建构

一、政策分析理论建构的局限性

我们最基本的认识论假设认为只需要将建构好的政策从上到下渗透

进实际环境中即可，不用考虑实际环境的重要性。依照主观主义的理性模型的观点，文本是人类强加在自然之上的建构，无论是否与实际环境相符合，都实行无误。实证主义坚持的客观主义形式则认为真实是可以被测量的，加在真实事物上的政策文本只不过是人类使得所有事物具有可通约性而搭建的分析平台。

实证主义理论的局限在前文已经论述过，实证主义坚持事物和现象都可以找到不同的维度进行测量；功利主义认为效用或者支付意愿可以作为测量单位；后实证主义认为知识是被诠释出来的，是社会建构，也是权力载体。尽管实证主义和后实证主义有着本质上的不同，但是两者都在一定程度上为拓宽、挖深政策理论与实践之间的鸿沟贡献了力量。我们必须意识到，相比于自然科学，社会科学中涉及的事物——例如快乐、信任等是不具有可测量的特质的，但是这些事物是可以被观察、体验和解释的。

二、理论与实践、文本与情境的融合

显而易见的，政策的理论和政策的实践之间出现了鸿沟。我们可以合理预想到，政策分析者分析的事物/事件或许并不是事物/事件本身。究其根源，决策者制定的政策文本是要落实在不同情境之中的，这就产生了文本与情境分离的问题。这个问题带来的影响是多方面的，我们应当意识到同样的文本是不可能在不同时间或者不同地点完全保持不变的，并不是所有实际环境都具备了政策文本实施的成熟条件。

除了规章制度这一层次的政策文本，社会建制在一定程度上也可以被认为是文本,《宪法》等层次的法律条文可认为是社会建制,统辖国家各处都适用,但是宪法修正案和司法系统对其随着时代的变化而进行不同的解读,都证明了文本不是永恒不变的,正是这些变化才使得社会建制在不同时代、不同地方都永久保持权威与活力。

政策制定者过度依赖"模型"或是先入为主的观念,忽略了具体的现实环境,从而导致政策实施过程中出现众多问题,甚至导致政策失去了原本的意义,那么对于政策问题的分析需要探究有效方法。在此逻辑下,"制度适应"理论的目的就在于将文本与环境融合起来,在政策分析时能够考虑到现实中的复杂情况,结合背景,回归现实,探索政策背后真正的动因,讲究"因地制宜"而不是"一刀切"。其所强调的是,在政策、决策中观照经验的多面性和复杂性,同时强调情境和实践的重要性——情境论述要求分析能够帮助我们更细致地追溯情境和政策或建制设计之间的联系,实践论述可以为我们更丰满地描绘政策情境和设计建制提供线索和灵感(见图3-7)。

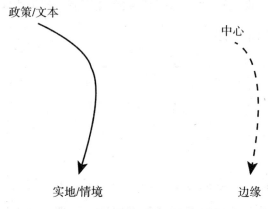

图3-7 作为政策的文本与情境

需要强调的是，在分析实践的过程中，分析者要具备开放理解的态度，摒弃自己先入为主的观念。另外，分析者仍要面对的问题是缩小政策制定者和政策相关者之间的认识鸿沟。现实世界中确实出现了有些政策奏效而有些政策则毫无作用、一项政策有时候奏效而有时候却毫无作用的问题，如果我们想要搞清楚原因就必须了解政策相关者的世界，这些政策是为他们设计并且影响着他们的。我们需要纠正的观念是政策相关者并不是政策的被动承受者，而演绎的是政策作者和政策建构的角色，他们受各自身处的环境和情境所影响，而这个过程比我们可以设想到的更为丰富。因此，我们必须寻找方式缩小政策设计和政策实践之间的鸿沟。我们意识到，此时此刻我们的分析转向了不可避免的复杂性一面，这是由政策分析本身的复杂性所决定的，部分解决方法在于找到将政策问题的复杂性和多面性与我们的政策回应相吻合的方式。这要求我们不能只局限于单一模型，构建多维度模型势在必行。

基于此，"制度适应"理论最大的贡献在于能够补充政策理论与政策实践过程中出现的鸿沟。其所解决的问题是，政策文本制定出来之后如何落实到不同情境之中。

第三节　小结

前文我们探讨了政策分析的演变。在实证主义时期，可以看出人类认知的形成对政策的形成起到了关键作用。在理性决策模型下，政策的形成是一个美好的构想，而问题其实就出在占主导地位的那一方。在后实证主义时期，对于分析家们来讲，分析是理解和诠释，而不是度量，我们开始明白政策是建构的过程，争论的焦点在于政策的形成原因是多元化、后结构主义还是竞争主义。无论是实证主义还是后实证主义，都存在把政策当作"神话"后产生的问题——政治言论逐渐呈现出将文本从语境中抽离的势头。

"政策仅限于文本"的观点实质上是政策脱离了背景的体现。面对文本与语境之间的鸿沟以及实际环境的复杂性，并不存在任何已经分类好的方案。由此提出制度适应理论这种不同的分析模式，以坦诚开放的态度看待形势，将政策形势当作一种现象，强调将经验考虑到情境中去讨论，以此了解现实生活中的体制及实践。

在政策分析时，我们要注意几点：首先，分析首要的是理解，试着去开辟理解的新思路；其次，是我们在运用方法，而不是被方法运用，分析的模式需要不停地多元化；最后，需要用全然尊重的态度去着手处理政策形势。

政策始于现实，终于现实。但现实世界的分析会遇到很多困难，有时也许需要我们从其他人都在关注的视角转移，当我们观察模糊的事物时，只有把视线远离中点，逐渐转移到边缘，有些东西才能变得清晰可见，而一些思想和视角就是这样应运而生的。

第四章

制度适应的运用

有人认为政策在某种意义上是社会构建，也就是说政策是交流和操纵的结果，是诡计。但无论如何，政策都不可能仅仅是诡计作用下的产物。现有的政策分析多用统计分析的方法，就是通过大多统计分析案例和数据得到结论；系统化分析关注的是全景和大局，对于细枝末节和基本单位却难以了解。我们并不否认统计分析是一个强大的分析方法，只是想从另一个子视角尽可能地减少研究者对政策分析的主观认知观念的影响；尽可能地关注细枝末节，理解人和地方；尽可能聚焦多维空间，体验复杂性和丰富性。我们所强调的是定向于背景，将参与后的体验纳入政策分析，为政策分析开拓新的视野。我们将制度概念化为由文本（一般蓝图）和情境（特定背景）之间不断的辩证法构成的现象。

第一节 "制度适应"概念厘清

用 Turner（1997）的话来说，"一个复杂的立场、角色、规范和价值观，存在于特定类型的社会结构和组织相对稳定的人类活动模式中"。这样的定义足够宽泛，足以涵盖 North[①] 的关于制度作为正式和非正式规则体系的概念及一个相关但不同的概念，即制度作为一种类似于动态均衡的内生行为模式或惯例。制度适应模型可以看作是前两个制度定义的合并，也就是说，我们将制度理解为在公共领域建立的社会惯例（规则和角色）以及行动的规则。

"制度适应"（Institutional Fit）的概念主要见于国外文献，它多见于环境治理、国际关系领域。然而，"制度适应"的概念和模型的运用不应止步于环境治理和国际关系领域。见图 4-1，在制度适应模型中，制度是由构成性文本/设计和环境塑造组成的联合行动而产生的现象。从某种意义上说，该模型整合了"自上而下"和"自下而上"的政策执行模型。制度适应模型可以被视为既利用了制度作为规则体系的理念，也利用了制度作为制度定义博弈的内生结果的理念。制度文本的概念则代表着制度是由机构设定的规则或公约；环境适应的概念则代表着制度行动者的一种内在的行为模式。实际上，这两个定义都有助于描述现实世界的制度：一方面是制度的制定，另一方面是对现实情况的适应与重新加工。在描述真实世界时，需要把"文本"与"情境"结合起来。我们用"适应性"这一概念来表达这种结合，当制度以"文本"和"情境"两种方式被构建起来的时候，一种是来源于正式的规则和规范，一种是为了适应当地或特殊情况所建立起来的项目。当然，有时候"文本"与"情境"会存在不适应的情况。

---

① NORTH D C. Institutions, Institutional Change and Economic Performance ［M］. Cambridge：Cambridge University Press, 1990：3-10.

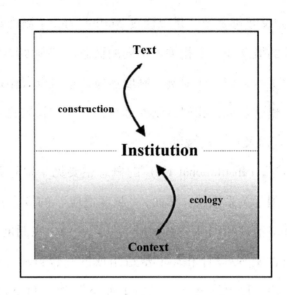

图 4-1　制度适应模型

第二节　"制度适应"的应用现状

一、"制度适应"文献筛选

"制度适应"作为一个舶来理论，选取 ISI Web of Science 核心集作为检索源获取样本文献数据，检索时间为 2019 年 11 月 12 日。检索式为："主题 = 'Institutional fit'and 文献类型 = 'Article'and 语种 = 'English'"，结果共得到 1327 篇期刊文献。覆盖的学科领域和研究方向极为广泛，结合社会发展背景和研究特征，以及检索文献的整体情况，发现"制度适应"理论的主要研究领域涉及生态环境领域、经济商业领域、政治科学与公共管理领域。下面作简要的介绍和分析。

二、"制度适应"在生态环境领域中的应用

"制度适应"的概念在生态环境领域得到了广泛应用。Ekstrom 和 Young[①] 展示了如何在规则文本中承认海洋生态系统各要素之间的关键联系。Brown[②] 讨论了保护区保护计划规定的规则与当地土著习俗之间的冲突，通过观察项目经理和社区之间的实际冲突模式来评估保护计划的适合度。Lebel 等人[③]在研究流域治理与制度适应时，认为有效的环境治理部分取决于制度安排与生态系统特征及其用户之间的相互联系与合理契合，背景对于理解制度改革对水治理实践，以及社会和环境的可变后果至关重要。Kalikoski 等人[④]分析确定了巴西南部帕图斯潟湖河口渔业资源的边界和权利的定义问题，以及规则与当地环境/资源条件之间的不一致，他们认为这可能影响手工渔业的可持续性。Treml 等人[⑤]认为改善环境治理的关键是了解制度安排与关键生态过程之间的契合

---

① EKSTROM J A, YOUNG O R. Evaluating Functional Fit between a Set of Institutions and an Ecosystem [J]. Ecology and Society, 2009, 14 (2): 16.

② BROWN K. Integrating Conservation and Development: A Case of Institutional Misfit [J]. Frontiers in Ecology and the Environment, 2003, 1 (9): 479-487.

③ LEBEL L, NIKITINA E, PAHLWOSTL C, KNIEPER C. Institutional Fit and River Basin Governance: A New Approach Using Multiple Composite Measures [J]. Ecology and Society, 2003, 18 (1): 1.

④ KALIKOSKI D C, VASCONCELLOS M, LAVKULICH L M. Fitting Institutions to Ecosystems: The Case of Artisanal Fisheries Management in the Estuary of Patos Lagoon [J]. Marine Policy, 2002, 26 (3): 179-196.

⑤ TREML E A, FIDELMAN P, KININMONTH S, et al. Analyzing the (Mis)fit between the Institutional and Ecological Networks of the Indo-west Pacific [J]. Global Environmental Change-human and Policy Dimensions, 2015, 31: 263-271.

度，对于受到人类活动重大影响的生物多样性热点地区和生态敏感地区尤其如此。Andersson 和 Gibson[1] 对自然资源政策进行了长时间的试验，但效果鲜有共识，他们认为未来对分散式自然资源治理的研究应考虑当地制度背景下的差异、改革与其他公共政策之间的契合性和更适当的成果指标，以进行资源分散管理。

环境治理和可持续性发展要求"制度适应"，这一重要前提的基础是整个生态系统之间的联系。该领域的特点决定了这一关键研究问题，即资源使用规则与资源的实际物理特征、与社会生态系统的社会物理特征之间是否兼容和适宜。可行的、可持续的规则应该展示出设计的多样性（对应于环境的多样性），只有保护计划和制度安排与当地的资源条件和文化风俗习惯达到"契合"后，才能进行有效的环境治理，这是环境学者长期认可的观念。

三、"制度适应"在经济商业领域的应用

公司战略能否因地制宜是经济商业领域谈及"制度适应"的主题。Khanna 等人[2]研究适应新兴市场的策略，提出当公司将策略与每个国家/地区的背景相匹配时，他们可以利用该地点的独特优势，但是企业应该权衡收益与成本，如果发现适应的风险太大，则应尝试改变其经营

---

① ANDERSSON K, GIBSON C C. Decentralized Governance and Environmental Change: Local Institutional Moderation of Deforestation in Bolivia [J]. Journal of Policy Analysis and Management, 2007, 26 (1): 99-123.

② KHANNA T, PALEPU K G, SINHA J, et al. Strategies that Fit Emerging Markets [J]. Harvard Business Review, 2005, 83 (6): 63-74.

所处的环境或干脆远离。Volberda 等人①通过对 1904 家公司的 3259 名受访者数据的研究，发现偶然性和制度适应性为企业绩效提供了补充和相互依存的解释。可见，实施公司战略要讲究与实施地背景的适应性，"策略"与"背景"的冲突会影响公司绩效。

四、"制度适应"在政治科学和公共管理领域的应用

政治科学和公共管理领域对政策影响因素的研究还不能充分解释各地模式的细微差异，需要对具体地点进行调查，以确定哪些机制在特定环境下有效、"制度适应"理论能够得到运用。

Acharya②在谈到亚洲区域主义的规范本地化和制度变迁时，提到虽然许多当地信仰本身是合法规范秩序的一部分，但确实限制了主体接受外来规范，并基于此提出了规范扩散的动态解释。该解释描述了本地主体如何重构外来规范，以确保规范与主体的认知先验和身份相符，一致性建设成为主体接受的关键。Moss③检验了欧盟政策改革的成功取决于"现有体制结构和实践'适应'的程度"这一论点的有效性。

---

① VOLBERDA H W, VAN D W N, VERWAAL E, STIENSTRA M, VERDU A J. Contingency Fit, Institutional Fit, and Firm Performance: A Metafit Approach to Organization - Environment Relationships [J]. Organization Science, 2012, 23 (4): 1040-1054.

② ACHARYA A. How Ideas Spread: Whose Norms Matter? Norm localization and Institutional Change in Asian Regionalism [J]. International Organization, 2004, 58 (2): 239-275.

③ MOSS T. The Governance of Land Use in River Basins: Prospects for Overcoming Problems of Institutional Interplay with the EU Water Framework Directive [J]. Land Use Policy, 2003, 21 (1): 85-94.

Decaro 和 Stokes[①] 认为制度适应的概念、构成良好适应性的内容，以及适应性的诊断或改善方式尚不明确，"社会适应度"、制度与人的期望和当地行为方式的匹配程度尤其如此。因此，基于人类代理和社会心理学的制度分析原则，开发了一个跨学科框架来解决这些问题，在其中使用"机构认可度"的概念作为社会适应性的指标，展示了分析师如何定义、诊断和改善参与计划的社会适应性。

Lejano 首次将"制度适应"的解释框架引入公共政策分析领域，并运用这一解释框架分析了菲律宾圣胡安镇妇女生育率的影响因素，发现性别角色、文化倾向、不恰当的节育措施和缺乏对抚养费用的理性核算，是影响非正式住区中城市贫困人口高生育率的特定机制途径，这些重要发现只能在特定的情境分析中才能识别，在实践中，它们可能相互作用。Lejano 和 Shankar[②] 提出制度背景主义理论，侧重于参与者根据情况调整政策设计的机制，将制度概念化为由文本（一般蓝图）和情境（特定背景）之间不断的辩证法构成的现象，并以印度泰米尔纳德邦的临时小额信贷计划为例，来说明这种情况在现实中是如何发生的。在印度南部，尽管遵循同样的程序，但不同地区的小额贷款项目之间存在诸多差异，那么小额贷款项目就成了原始的"文本"和实际的"情境"相互作用的产物。该研究强调了有效治理与情境拟合之间未经检

---

① DECARO D A, STOKES M K. Public Participation and Institutional Fit：A Social-Psycho-logical Perspective ［J］. Ecology and Society, 2013, 18（4）：851–871.

② LEJANO R P, SHANKAR S. The Contextualist Turn and Schematics of Institutional Fit：Theory and A Case Study from Southern India ［J］. Policy Sciences, 2013, 46（1）：83–102.

验的联系，并提供了适合未来研究的拟合机制的类型学。Lian 和 Lejano① 认为城市化带动的发展除了带来人口、技术和经济的变化，还带来了制度的转型，尤其是产权制度、集体化制度和公共管理制度，但是并不能保证成功地过渡到城市的制度环境，需要更好地评估城市转型的制度"适应"程度。因此，他们以制度适应模型作为一种诊断程序，将决策者建立的规则与已经适应局部环境的实践并置，衡量两者之间是否存在冲突，发现围绕城市化的一些冲突可以归因于新旧制度之间缺乏一致性，以及强加给城市化地区的以市场为导向的制度与农村集体的共同财产制度之间存在着根本性的冲突。解决冲突的途径在于寻求国家正式制度政策与当地实行的个人化、非正式措施之间的适应性。

在政治科学和公共管理领域，制度政策与每个单独个体直接相关，因此政策分析的一大难点便是政策如何能被主体接受，其中要考虑制度政策与主体自身原有的认知、行为方式和特定情境的匹配度。政策必须以某种方式在制度制定的广泛目标与特定情境干预策略的目标之间寻求一致性平衡，被实践所"适应"。

以"制度适应"作为关键词在 CNKI（知网）上查找到的中文论文仅 12 篇（如罗韵轩、王永海，2007；吴静，2010；等等）。目前，该概念仅在下列两种情况下被提及：一是描述某个实体适应现状的能力。在我国某理论形成机理的讨论中，如资本结构理论，是在宏观政策、法律、制度环境很不健全时，企业对宏观制度条件的被动适应的结果

① LIAN H, LEJANO R P. Interpreting Institutional Fit：Urbanization, Development, and China's "Land-Lost" ［J］. World Development, 2014（61）：1-10.

（饶育蕾，2001；罗韵轩、王永海，2007）；再如，在对某种经济制度发展的讨论中，有人认为经济体制中的各项制度是在互相影响和作用的过程中逐渐演进的，因此任何一项制度的制定和实施，既要考虑该制度本身，又要考虑对相关制度的适应与互补（吴东美，2004）。二是使用"制度适应"的概念来对某项具体制度变迁过程进行个案分析（如池子华，2012；赵伦等，2008）。总之，国内现有文献虽有使用"制度适应"的字眼，但均未真正地将其理论化，并系统地应用于社会政策领域。改革开放四十多年来，中国经济、政治、文化、社会等方面的配套政策多样，但在政策分析、政策执行等方面存在着众多问题。如何设计出能够被主体接受并顺利落地的政策制度？能否应用国外理论框架？如何将国外理论框架在中国进行本土化应用？"脱离实践"的政策设计和"生搬硬套"国外理论框架都容易出现"水土不服"的问题，思考如何将中国情景融入制度机制很关键。此时，强调环境效应的制度适应理论将发挥其强大功能。

第三节 "制度适应"的分析框架

本研究将制度适应模型的分析框架指向中国的征地现实，中国的征地实践面临双重制度现实——中央制度和地方制度，由此产生两种冲突情况，一是李连江和欧博文①提出的"依法抗争"，即"以政策为依据

---

① 李连江，欧博文. 当代中国农民的依法抗争 [M] // 吴国光，等. 九七效应. 香港：太平洋世纪研究所，1997：141-169.

的抗争"，农民有组织地向上级直至中央政府施加压力，对抗基层政府的土政策，促使他们遵循中央政策。二是地方照搬中央制度，不遵循风土民情，从而造成冲突和摩擦的出现。现有文献要么以规范视角从当前的征地制度文本当中寻找导致征地冲突的制度性根源①，要么从征地冲突的利益相关者出发，展现各参与主体的利益博弈过程②，以及"弱势"农民的维权行动③，一方关注制度文本，一方关注实践场景，但是缺乏制度与情境二者之间的交互性，难以全面系统地揭示征地冲突及其解决机制，渐入研究的瓶颈阶段。本研究所选用的"制度适应"理论框架恰好能够弥补这一研究缺陷。在征地实施的过程中，制度建立是基本前提，而制度如何适应环境是解决征地冲突的关键因素。因此，本研究将分析由文本与环境二元分化所产生的冲突，并将深入挖掘中国城市化发展的设计与实施的根本问题。

制度适应理论能够从文本和情境的双重视角兼顾政策制定与政策执

① 于建嵘. 从维稳的角度看社会转型期的拆迁矛盾 [J]. 中国党政干部论坛，2011（1）：20-21；祝天智，黄汝娟. 公正视域的农村征地冲突及其治理 [J]. 理论探索，2013（4）：66-70.

② 祝天智. 农村征地冲突的整体性治理研究 [J]. 中国行政管理，2013（10）：52-56；曾凡军，江晓翠. 征地冲突：治理碎片化与整体性救治：以 N 市为例 [J]. 湘潭大学学报（哲社版），2019，43（4）：35-40；霍有光，沈红梅. 利益博弈视域下农村征地冲突与化解路径 [J]. 农村经济，2015（9）：3-8.

③ O'BRIEN K J, LI L. Rightful Resistance in Rural China [M]. Cambridge：Cambridge University Press，2006：5-14；于建嵘. 当前农民维权活动的一个解释框架 [J]. 社会学研究，2004（2）：49-55；应星. 草根动员与农民群体利益的表达机制：四个个案的比较研究 [J]. 社会学研究，2007（2）：1-23，243；覃琮. 农民维权活动的理法抗争及其理论解释两起征地案例的启示 [J]. 社会，2013，33（6）：93-121；陈明. 选择性抗争：农民维权的一个解释性框架：基于皖北 X 县 Y 镇三位农民维权过程的比较分析 [J]. 中国农村研究，2014（2）：19-38.

行。征地冲突有制度层面的原因，还有执行中引发的摩擦①，考验着基层干部的智慧。征地工作有明确的程序性规定，但是不同的征地项目还受到当地特有的经济环境、社会结构、生活习惯等的影响，每个被征地家庭的诉求各异，因此基层干部在执行程序时通过怎样的具体做法来兼顾制度文本与地区生态，以化解或消除征地冲突，显得尤为关键。基层干部在制度文本和当地情境的双重约束下，因地制宜的治理实践与制度适应理论的分析思路相契合。在上述制度适应模型的基础上，本研究聚焦于基层治理实践，对制度适应理论进行了进一步的演化（见图4-2），将制度适应理论当中的"生态关系"部分划分为静态的地方情境与动态的基层治理实践，静态的地方情境是指政策实施时当地的组织结构、生活习惯、道德观念等，而基层治理实践则体现出基层干部在制度文本与静态情境约束下的主动作为，可以说是连接文本与情境的桥梁，是将文本的要求与原则落实到具体情境中的载体。

图4-2 制度适应理论的动态框架

---

① 谭术魁. 中国频繁暴发征地冲突的原因分析 [J]. 中国土地科学，2008（6）：44-50.

综上所述，本研究的创新之处在于：制度适应理论在国外的应用主要在环境治理领域，而国内社会科学领域尚未引介该理论。本研究旨在以征地问题的制度适应理论解释为突破口，引入该理论作为一种公共政策分析的解释框架，一方面推动公共政策分析的进一步发展，另一方面运用该理论对征地冲突这一热点问题进行解释和分析，突破当前我国征地冲突问题的研究瓶颈，利用新的视角进行分析之后得出更具操作化的政策创新路径，从而在土地征收的补偿、安置等方面确保"文本"与"情境"的协调性。

第三篇

03

|地方实践的探索|

第五章

北京的实践：文本—情境的静态适用

第一节　案例背景与研究方法

北京大兴国际机场，其定位是大型国际航空枢纽、支撑雄安新区建设的京津冀区域综合交通枢纽。北京大兴国际机场的建设范围覆盖北京市大兴区的礼贤镇、榆垡镇与河北省廊坊市的广阳区，具有促进京津冀协同发展的重要意义。该工程项目于 2015 年 9 月全面开工，于 2019 年 6 月 30 日全面竣工，并在 2019 年 9 月 25 日正式投入运营。作为一项国家级的重大工程，征地拆迁一期工程涉及大兴区礼贤镇 10 个村，榆垡镇 23 个村。其中，红线内拆迁村庄 13 个，仅征地不拆迁村庄 20 个。在征地拆迁过程中，由于两个村镇在地理位置、经济发展等方面存在差异，征地冲突呈现出截然不同的两个特点：一个村镇与拆迁干部发生了直接冲突，进行集会抗议；另一个村镇通过各式各样的抢盖、抢种行动来与政府博弈。然而，榆垡镇和礼贤镇的村民从最初的抵制到化解矛盾，再到解决农民再就业问题，最终实现百分百签约，在社会上形成积极导向，这意味着政府可以通过适应当地情形的有效手段和途径来化解征地过程中的冲突，解决征地问题，满足各方利益。

在同一政策下不同的村镇环境和村民反应中，政府通过不同的适应方式来解决冲突、落实制度，体现了制度适应的过程。本章通过述说两个镇的征地拆迁故事，分析在征地过程中新的制度设计如何与地方机构、日常实践兼容和适应，从而揭示制度文本与现实环境形成良好生态关系对征地冲突解决的重要性。

本研究采用半结构化访谈和文本分析的方法，以大兴区榆垡镇南各庄村和礼贤镇大马坊村作为拆迁安置的典型样本进行分析。为了获取更加丰富的案例资料，项目组成员通过影像材料收集和实地调研的方式收集资料。主要有两个资料来源，一是央视"朝闻天下"栏目播出的"北京新机场征地拆迁记"系列节目，播出的时间分别是 2015 年 12 月和 2016 年 4 月，该节目从媒体的角度记录了大兴国际机场征地拆迁过程，当中穿插着的这两个村庄的故事奠定了本研究的素材基石。与此同时，项目组成员主动联系负责央视系列节目采访的记者，深入了解了节目背后的故事和征地具体细节。二是项目组成员在实地调研过程中所获取的资料，项目组成员于 2016 年 9—12 月期间，三次前往大兴国际机场拆迁地点考察调研。由于绝大多数村民都已经搬离拆迁所在地，项目组便以在村委会值班的村委会干部和前往村委会办事、闲聊的村民为访谈对象，主要了解了当地的风土人情和征地经过。在开展调研之前，项目组成员在阅读文献和提出研究问题的基础上，勾勒出了用于半结构化访谈的访谈提纲，预设了诸多访谈时可能遇到的情境和困难，对进入现场开展调研做好了充分准备，在访谈过程中根据访谈者的回答及访谈时的实际情况进行了灵活调整，获取了丰富的访谈材料，是本章撰写的基础。笔者对所获取的调研录音和资料全部进行数据编码（见表5-1）。围绕政策与现实情境之间的冲突领域，一些材料以材料原话引用的形式呈现，而一些材料被分类并混合到描述和分析中，这两类材料相结合构成了理解制度冲突的宝贵资源。

表5-1　调研资料及编码表

资料来源	编码
村委会干部	C
村民	V
影像材料	M

第二节　征地制度与新机场征地政策

制度适应理论强调制度文本与地方情境相适应的政策执行逻辑，既有"自上而下"建构的一面，又有"自下而上"影响的一面。在制度适应理论的视角下，我们首先需要关注制度适应模型的上半部分，即建构的"制度文本"。本章在分析过程中，将建构而成且处于不同层面的制度与政策都纳入"制度文本"的范畴进行考量。

《中华人民共和国土地管理法》（2019年修订）规定，征地补偿费包括土地补偿费、青苗补偿费、附着物补偿费和安置补助费。自然资源部《关于完善征地补偿安置制度的指导意见》（国土资发〔2004〕238号）规定："土地补偿费的分配按照土地补偿费主要用于被征地农户的原则，土地补偿费应在农村集体经济组织内部合理分配，具体分配办法由省级人民政府制定。土地被全部征收，同时农村集体经济组织撤销建制的，土地补偿费应全部用于被征地农民生产生活安置。"

区域和地方政府根据该标准制定了补偿和安置条件。北京市于2003年发布《北京市集体土地房屋拆迁管理办法》（京政发〔2003〕24号），2004年发布《北京市建设征地补偿安置办法》（市政府令148号），最令人关心的征地补偿标准在《北京市建设征地补偿安置办法》第二章第九条进行了规定："征地补偿费最低保护标准由市土地行政主管部门以乡镇为单位结合被征地农村村民的生活水平、农业产值、土地区位以及本办法规定的人员安置费用等综合因素确定，报市人民政府批准后公布执行。"根据《北京市建设征地补偿安置办法》，2011年北京市大兴区人民政府制定并颁布了《大兴区集体土地住宅拆迁补偿标准的意见》（京兴政发〔2011〕15号），明确了大兴区房屋拆迁的各项补偿安置标准，为大兴国际机场征地拆迁补偿政策的出台奠定了基础。

在北京大兴国际机场征地拆迁中，首都机场集团公司发布了《北京大兴国际机场项目住宅房屋拆迁补偿实施方案》。该方案主要分为两部分，一是拆迁安置部分，以货币补偿结合房屋安置为主要补偿安置方式，货币补偿基准价格由该地区房产市场价等因素综合决定。房屋拆迁补偿价＝宅基地区位补偿价×宅基地面积+被拆迁房屋重置成新价+装修及附属物补偿。宅基地区位补偿价为3055元/平方米，补偿价低，但定向安置住房的价格也低，为5200元/平方米，当地政府称该政策为"低开低走"政策。在补偿标准方面，当被拆迁人的宅基地面积不足 0.4 亩时，按宅基地区位补偿价的 100% 进行补偿；超过 0.4 亩的，0.4 亩以内部分按补偿价的 100% 进行补偿，0.4 至 0.6 亩的部分（含 0.4 和 0.6 亩）按补偿价的 50% 进行补偿；0.6 亩以上的部分不予补偿。在定向安置住房的选房原则上，确定为两个原则，一是按人均 50 平方米选房，二是以被拆迁人宅基地内确权面积作为定向安置房选房指标。村民可以根据自身利益最大化的原则，组合出最适合自己的补偿方式并进行公式计算。在安置对象认定上，除了被拆迁院落内户口在册的产权人及其直系血亲（含配偶）外，因上学、服刑、服兵役等原因导致户口迁出的，因结婚、出生等原因应进行户口迁入而未办理的，经村委会、属地镇政府共同确认后，可认定为安置对象，既满足村民的利益，也考虑到其他利益相关人。

至于补助奖励部分，则是在 2015 年 7 月 10 日到 8 月 20 日内，村民若决定搬迁，有多项政策进行奖励。搬迁期的第一阶段可一次性奖励 10 万元，搬迁期限届满后搬迁的，不享受奖励；对于宅基地面积大的人家，由于 0.6 亩以上部分不予补偿，因此设立分院政策，被拆迁人年满 18 周岁的直系血亲可参与分院，将宅基地面积分解后再补偿；被拆迁人若未在宅基地内的空地部分加盖房屋，按照面积给予垃圾减量奖和资源节约奖；另外还有停产停业综合补助费、房屋周转费、搬家迁移补助费以及物业供暖补贴等多项补助措施。另外，北京大兴信息网相继发布了征地补偿安置公示京（兴）地征〔2016〕3-2 号—5-15 号，对各个村、各合作社的征收土地权属、地类、面积，村民大会的决议，征地补偿安置协议等主要内容进行了详细公开的说明。

第三节　分析与讨论

一、文本（市场制度）与环境（集体主义）

（一）货币安置与长远生计

《中华人民共和国土地管理法》（1998 年修订）取消了被征地农民的再就业制度，并用货币补偿代替。货币安置的意思是向被征地农民提供一笔款项，作为对被征用土地、作物和地上附着物的补偿。货币安置符合市场制度，但在农村的半公共制度之上施加市场制度并不容易开展。本次大兴区的机场拆迁也使用货币安置方法。不同于以往的是，大兴区采用了更为复杂多元的方式，在主要的补偿中纳入了未建房奖励以及周转费等新补偿形式。除了补偿款以外，农民还可以低价购买定向安置住房，解决了从前对农民实行的标准化补偿水平不能反映土地的实际市场价值而使农民利益受损的问题（M1，2015-12-07）。

货币补偿的制度也引发了当地关于公平的角力。货币补偿使农民可以直接比较每个人收到的赔偿金额，他们不仅在自己的村内进行比较，而且与邻近村镇进行比较。在征地初期，不少村民在自家宅基地内的空地上加盖房屋、在村内公共用地上私搭乱建，其他村民怕别人因此拿到更多的赔偿金也开始跟风。"不占便宜就吃亏"，村民们都想"多要一点"。货币安置的政策使得农民对未来生活缺乏安全感和方向感，因此在这唯一一次补偿机会中渴望多得一点。另外，在新的市场化制度中，很多情况下补赔额是以户为单位进行谈判的，这意味着赔偿金额各不相同。在以前的征地案例中，常有钉子户借此多要一点钱，政府为了维稳和工作的推进，常常会多给一点钱"息事宁人"。"不患寡而患不均"，从村民的访谈中我们也可以了解到，农民对不一致、不均衡的补偿水平和"老实人会吃亏"的现实情况表示不满。

因此，在这次拆迁中，首要原则是"一把尺子量到底"，礼贤镇党委副书记孔永表示："政策是红线，不能突破，绝不能违反政策，在政策范围内为百姓争取最大利益。"2015年5月大兴国际机场建设动迁工作正式开始，接下来的两个月，政府相关部门在涉及一期拆迁的榆垡镇和礼贤镇各村张贴公告，挨家挨户发放拆迁政策手册，由评估公司、审计公司、服务公司、征集包村干部和村级确权小组组成拆迁工作组进驻各村进行拆迁咨询。除此之外，大兴区政府还制定了十分细致的政策，力图满足不同情况、特殊情况的需求。在实际操作中，偷盖房、强盖房的情况交给村民自治组织去解决，让村民参与管理，去管住他们看不惯的、不公平的现象。在测量中，引入村里有话语权的老人这样的村级代表，每一家经过审计、拆迁等五个部门共同确认通过，全程跟踪拍摄、留档储存，保证过程的公开透明，确保每个人的利益都得到合理满足（M2，2015-12-24）。

此外，失去土地的农民的生计丧失也是严峻的问题。虽然国家已经转向使用货币安置这种市场化的制度，但征地后续问题、农民的生计安排仍然需要集中管理，不能放任不管。农民失去耕地，进入城市生活后往往无法找到替代生计。虽然货币安置可能会激励农民获得城市劳动力市场的培训和技能开发，但这需要其他社会服务的配套支持，例如建立社会福利制度、提供职业培训方案、法律援助等。大兴区政府组织了招聘会，动员整个区级的重点企业资源为百姓提供就业岗位，组织了育婴培训班、面点培训班、擦车培训班，实行菜单式培训，帮助拆迁区的居民中将近一万人找到了工作。

（二）"合法"强拆（法治）与百姓意识（"父母官"）

在拆迁进入结尾阶段时，有一户村民一直保持拒绝签约的态度，该户村民 B 是一个特别"轴"的人，不信任政府。至于他拒不拆迁的原因，他表示"我就不拆，看他（政府）敢不敢强拆"，"我就是要赌一把"。村民 B 看报道的以往拆迁案例，政府常常会多给一些钉子户补偿来平息事态，他也设想如此。恰逢城里来了律师，村民 B 犹如抓住了救命稻草，希望律师能够站在他们的角度帮他们去辩护，多要些补偿款。

《国有土地上房屋征收与补偿条例》（中华人民共和国国务院令第590 号）第二十八条规定，被征收人在法定期限内不申请行政复议或者不提起行政诉讼，又不履行补偿决定的，由做出房屋征收决定的市、县级人民政府依法申请人民法院强制执行。这次大兴区的大兴国际机场建设，属于国家级重大工程，大兴区政府提前向法院申请了"司法强拆"手续，如果进行强拆，是一种合法行为。也就是说，如果村民在限定期限内不同意拆迁，政府可以先进行拆除，如村民进行上诉，政府再给予赔偿。事实上，如果百姓选择这种方式，将有弊无利，诉讼的过程往往很久，可能持续一两年，最后百姓得到的赔偿也将会比正常拆迁补偿少一半左右。

对于村民 B 这种情况，如果严格按照法律制度进行，大兴区政府有权进行司法强拆，从法律规定上来讲无不妥之处。在拆迁期限最后一天的凌晨，村民 B 依然坚持拒绝拆迁，如何解决村民 B 的问题？有的基层干部在商讨中表示："既然这次好不容易申请下来了强拆手续，我们可以杀一儆百，让他们知道我们真敢强拆，不是说不敢。"但基层干部们并没有得出最终结论，决定先上报区领导层面。区长得知此事后不同意这样做，"虽然我们有合法的手段，但毕竟这是我们自己的老百姓。他这样做对他有害无利，我们得让他明白，还是要坚持到最后去（劝他们）。"已经到了拆迁的最后期限，区长决定亲自与该户人家交涉，分析利弊，区长的亲自到来和随后进行的政策分析让该户人家最终决定选择签约（M3，2016-01-15）。

征地拆迁是一个资源重新配置的过程，政府要获得土地的使用权，农民要获得补偿款，旨在以最低成本获取土地的地方政府将不可避免地与寻求更高市场价值的农民发生冲突。如何解决这个问题？完全按照法律执行或许不是最好的方式。虽然政府与村民是代理与被代理的关系，政府完全依法执行无可厚非，但这种稍显冷酷的官民关系在我国的社会情境中不是一种与社会情理相匹配的方式。在我国的人情社会情境中，政府往往被期待着承担"父母官"的角色，这使得官民关系多了一层温情色彩，政府要在符合"法治"的规范下，设身处地地考虑农民切身利益，方能促进问题的有效解决。

以上描述分析的要点是市场化使得交易私人化，而对农民而言，新制度下的行政体系对他们仍负有家长式作风的道德义务。征地制度能否落实的根本在于市场化倾向能否与社群生活的集体自然属性相调和。

二、文本（地方法规）与环境（具体村镇）

（一）榆垡镇南各庄村：集体抗议

榆垡镇地处大兴区南部，总面积 136 平方千米，具有数百年历史，被称为"京南首镇"，在全北京乃至全国范围内属于经济发展水平较高的乡镇。北京大兴国际机场的一期拆迁工程中涉及 13 个村，其中有 11 个村在榆垡镇，涉及人口近 9000 人，11 个村中情况最复杂的莫过于南各庄村。南各庄村需要拆迁的有近 700 户村民，拆迁人数较多，户数占到此次拆迁户数的四分之一，是这次最大的拆迁村。

在本次拆迁中，被拆迁户都将获得一笔补偿款，可用于购买政府统一建设的回迁安置房，也可以自行支配。这笔补偿款金额的计算由宅基地面积决定，但回迁房的面积可以选择由人口数量或者宅基地面积决定。对于这个规定，其他需要拆迁的村庄并无异议，但南各庄村的村民却不同意，因为这里不少人家的宅基地面积都是 $266.68\mathrm{m}^2$，普遍比其他村的小。南各庄的村民认为政策不公平，侵犯了他们的权益。再加上对政策并不充分理解，村民们怕遇上先签约反而补偿少等不利情况，一时间各种担心和问题不断涌现。在马上签约的关头，南各庄村村民们在村头开起了群众大会，"咱们这么多年也没遇过这样的事，他们（拆迁工作组）是专业干这个的，他们的办法比较多，他们的套路娴熟，大家要团结起来。"村民认为他们作为卖方，有权决定卖多少钱、怎么卖，不能政府说多少钱就是多少钱，希望寻求一个能够与政府平等对话的渠道，于是开始自发地集会抵制。

　　南各庄村三队率先进行集会，村民代表 L 动员村民："你们回家之后把你们的要求合计好了写过来，要多少面积，多少钱合适，咱们大家团结起来跟政府要政策。"南各庄村二队在三队结束后的第二天进行了村民代表选举，村民 C（曾担任土地所所长，后下海经商）向村民保证："我们不闹事，我们告诉大家选出来的村民代表绝对是代表村民的利益，这符合村民组织法，我们是在法律之下进行选举的，不违法，我们不是非法集会。"（V5，2016-09-24）

　　事实上，从制度文本上可以看出，南各庄村的村民并不吃亏。一方面村民可以根据人口买房，即按人均 50 平方米选房；另一方面若按照宅基地面积选房，0.4 亩以内的按照区位补偿价 100% 进行补偿，0.4～0.6 亩部分（含 0.4 和 0.6 亩）的按照区位补偿价 50% 进行补偿，0.6 亩以上的部分不予补偿。同时，如果村民用计算所得的补偿款买不起，或者用不完安置房的面积，可以将多余的面积再卖给政府。

　　南各庄村村民的误区在于把"一把尺子量到底"的执行标准理解成了"一刀切"的内容标准。这个矛盾点是南各庄村村民所不明白的，也是解决问题的关键点。

　　负责南各庄村拆迁事宜的是包村干部张国立。张国立是大兴区榆垡镇人大主席，居住于南各庄村隔壁的村庄，对南各庄村的情况比较熟悉。张国立认为"先让百姓冷静一下，随着时间的发酵，再去针对性地开展工作"。因此，在将近一周的时间里，拆迁干部并没有着急去找带头人村民 C 谈判，而是先从村民入手解决问题。这次的政策十分复杂，村民因不能理解而造成误解很正常，重点就在于让村民理解。因此，拆迁干部先每天通过广播喇叭不间断地进行政策宣讲，并派宣传干部在村委会门口专门进行政策的解答。随后一段时间，张国立开始去找村民挨个聊天、沟通，找到了与村民 C 说得上话的人，让村民 C 的老同学先去劝解村民 C。大喇叭每天广播先签约的人有奖金，南各庄村民开始动摇，逐渐地大家也就不再参与群众集会了，事件的温度慢慢冷却下来。此时，村民 C 又召集了一次集会，但这次集会却没人前来。张国立带着拆迁干部找到村民 C 和其他集会带头人，在双方情绪平稳，都保持客观理性的前提下，开始进行沟通。起初村民们认为他们得到的补偿只有每平方米 3055 元，但根据政策的实际推算，各种费用叠加起来，平均每平方米能达到六七千元，村民们才弄懂政策不只是看宅基地的面积，开始冷静思考其合理性并逐渐接受。随着村民 C 妥协签约之后，更多的村民也开始倾向于签约了。张国立看到这种情况，就请了榆堡镇南各庄村镇长刘志刚到现场讲解政策，打算彻底打消老百姓的疑虑。刘志刚发言道："调查研究越扎实，解决问题越清晰。咱们要做什么？咱们要的是，决不让先签的人吃亏，后签的人占便宜。"在干部和老百姓面对面地答疑解惑之后，老百姓弄懂了政策，这次风波就这样化解了（M4，2016-01-27）。

从南各庄村民通过上访、宣传、示威、集会等"依法抗争"的方式和手段来争取自身权益，可以看出，南各庄村民的社会政治意识较强，文化水平较高，他们寻找到有话语权的农民利益代言人，发动了遍及全村的社会动员，向以区镇政府为主体的抗争对象进行面对面的挑战。面对这种"公开对抗"，政府如果为了维稳而盲目改动政策就会陷入一种被动的局面。在政策本身确实是公平公正的前提下，南各庄村的包村干部采用了传统的策略——"拖"。先让事件冷却，再利用政府的力量，不间断地进行广播宣传，挨个找村民沟通，改变村民对政策的错误理解，进而改变村民的"站队"方向，动摇了"带头人"的心理防线，最终找到适合本村的拆迁补偿方法，使制度落地。

（二）礼贤镇大马坊村：日常抵抗

礼贤镇位于大兴区南部，总面积 93.34 平方千米，在北京市乡镇经济排名中处于末位，村民以种地为主要生计来源。自 2008 年起，这里陆续有村民抢盖房子，因为听说"多盖多得"。多盖多得，这样的说法哪来的呢？"都是听说的，好像原来在其他的拆迁地方有过先例，按房子多少赔偿。"村民们这样的话越传越广，导致村里一半多的村民都在抢盖房。村民 M 家就在一期拆迁红线中的大马坊村，听到多盖房多补偿的消息后，也开始加盖房子。M 家原来是一间正房外加两间厢房围个院子，而现在院子里加盖的房子足有十几间，只留下了两个过道，他说："满院子全是房子，但是仍然不算多，在村里算中不溜，还有比我多的呢，上千平方米的也有。"村里一半多的村民都在抢盖，有的村民说那些时候抢盖房子，工钱都特别贵，但就算贵得不行也都抢着盖。有的村民把 20 来年的积蓄都压这上头了，有人甚至借钱盖房（M5，2016-02-08）。

根据《中华人民共和国城乡规划法》规定，村民在自家的宅基地上盖房，要向乡镇申请，发了许可证后才能盖房。在政府审批过程中，虽然百姓的实际理由为多盖房子多得赔偿，但手续文件齐全合理，从行政流程上应给予通过，如果强行对其不通过审批，无疑会加剧冲突的程度，因此审批的关卡拦不住盖房的风潮。对于这一部分房子如何处理，礼贤镇副镇长方勇认为："不能不管老百姓的违建，最后又不给赔偿，因为老百姓本身是有投入，也是有损失的，矛盾可能会激化。"

政策执行的根本原则是不能让老实人吃亏。但国家拆迁条例要求据实物评估，如何保证没有抢盖房的老实村民的利益呢？为了破解这个难题，不让抢盖房子的风气继续蔓延下去，区政府和区建委紧急召开会议，决定通过设置奖项——资源节约奖、垃圾减量奖，来对不抢盖、不违建的老实农户进行补贴，既照顾了老百姓的情绪，又合情合理。既与原本的政策不冲突、不矛盾，又坚持了政策公平性的原则。大兴区委书记李长友算了一笔账："百姓投入 10 万元盖的房子，要求政府必须给他评估 20 万（一倍的价格），否则他就不拆；但是如果百姓不盖房，政府就给补贴 11 万。对于百姓来说，盖房顶多赚 10 万，不盖房政府则补贴 11 万；对于政府来说，如果不给百姓补贴 11 万，就得给他 20 万的补偿。如此一来，反而实现了政府不多花，百姓不少得。"为了贯彻落实这个政策，2009 年开春，李长友书记召集群众代表、村干部、各级领导和区内媒体开会，部署安排落实此事，重点发挥宣传的作用。通过村民之间互相宣传以及区里的广播、电视轮番播报等方式，使得政策家喻户晓，为后续拆迁工作的正式开展打下社会心理的基础，最大限度地避免老百姓因错误判断或从众行为而带来的损失，抢盖风潮得到遏制。

农民虽然表面上服从政府的政策，但依然想要"钻空子"，争取更多利益。不盖房子后，有些村民开始在耕地上做文章。听说经济作物可以让补偿金翻几番，于是有些村民开始抢栽经济作物，村民 M 和村民 W 一夜之间在庄稼地里种了几万棵蝴蝶兰，立即引起了其他村民的不满。还有一些人打上了公共地的主意，在礼贤镇的林地非法建了十几座砖房，或者在公共空闲地上私拉乱建。村民 S 说："（这些人）有钱，在外面挣点钱，这两块（林地）就愣占，像我们这种老实的，也只敢怒不敢言。"对于顽固的非法违建行为，镇上组建了拆违队，并利用卫星加以监测。但政府做不到随时随地监督，为了保证政策能够公平贯彻，政府发挥了村民自治的作用。村民互相监督，谁家有这样的小动作，村民都有权举报。村民 M 家连夜种的蝴蝶兰在村民举报后被村委会全部清除。2010 年至 2015 年，礼贤镇实现了违法建筑零增长，为后来的顺利征地拆迁打下了良好的社会基础（C2，2016-10-12）。

针对抢盖抢种现象，大兴区区长谈绪祥谈道："不患寡患不均，这是一个主流心理。其实政策的宣传已经很早就跟老百姓说清楚了，账是算得清楚的，大家对补偿的标准、拆迁的政策是满意的，怕的是不公平带来的所谓的'吃亏'，所以在农村有一句很有说服力的话'不占便宜就是吃亏'，更何况是自己真没占到便宜，别人却占到了便宜，那肯定就是吃亏了。因此，在拆迁工作中要维护公平，否则就是对本村老实本分的老百姓不公平，另一方面可能会激化矛盾，对拆迁工作的进度也会有影响。"2015 年 7 月 15 日，拆迁签约工作正式开始时，政府兑现了给老百姓的承诺，在 266.68m^2 以内的空地奖（资源节约奖）为每平方米 980 元，加上每平方米 400 元的垃圾减量奖，总共是每平方米 1380元，而盖了房子的则是每平方米 950 元。村民 M 原来总共空地面积是150 平方米，按上面的政策计算村民 M 因为抢盖房子少得 64500 元。这样计算下来，礼贤镇大马坊村的村民 M 真的"吃亏"了。这里说的"吃亏"，并不是他不能足额拿到征地赔偿款，而是多盖之后比多盖之前所得的赔偿款少了，如果加上人工和盖房的材料费用 10 多万元，村民 M 盖房比不盖房少拿了将近 20 万元（M7，2016-03-05）。

　　大马坊村的村民没有直接与政府对抗，而是寻找现行制度可能存在的漏洞谋取利益，这是一种"日常抵抗"。大部分大马坊村村民素来以土地为生，对他们而言，上访、集会、示威这类方法是陌生的，因为政府在他们眼里仍是权威的象征，他们也害怕这类方法对他们自身造成威胁。在解决大马坊村的问题时，对违规村民和未违规村民两种不同人群的换位理解是关键之处，用人性化的目光考量现实环境并制定相适应的措施，才能使制度最终得以实施。

　　以上反映出北京大兴国际机场征地拆迁中促使政策文本与当地文化实践相适应的举措。这与前文所述私有化的市场导向和长期遗存的集体主义的社会政治偏好之间的适应性是相辅相成的。

　　北京大兴国际机场征地拆迁的案例是成功的，通过文中对案例的描述可以看到，虽然过程中伴随着攀比、矛盾、误解等可能滋生冲突的不安定因素，但最终都被当地政府以合理的方式予以化解。

第六章

长沙的实践：文本—情境的动态适用

第一节　长沙高新区的土地征收：案例引入和研究方法

　　长沙市，作为湖南省省会，是长江中游地区的重要城市。长沙市面积 11816 平方千米，下辖 9 个区（市）县，5 个国家级开发区和 1 个国家级新区。① 长沙市的城镇化水平高居全省第一，截至 2020 年底，长沙市常住人口达 1004.79 万，常住人口城镇化率达 82.60%，比上年增加 3.04 个百分点，远高于全省平均的 58.76%② （见图 6-1）。除了人口，土地也是衡量城镇化的重要维度，从 1978 年到 2018 年，长沙市区建成区的面积几乎以每十年翻一番的速度在扩张③。长沙市湘江以东发展早，具有较为成熟的区域布局，湘江以西则随着市人民政府的搬迁翻

---

① 长沙市统计局.2021 年长沙统计年鉴［EB/OL］.长沙市统计局，2022-02-22.

② 湖南省统计局.湖南省第七次全国人口普查公报（第六号）［EB/OL］.湖南省统计局，2021-05-19.

③ 腾讯网.1949—2019，长沙城市"长大"近 85 倍［EB/OL］.腾讯网，2019-09-26.

开了高速发展的新篇章，可开发空间较大。土地征收，在长沙市仍如火如荼地进行着。

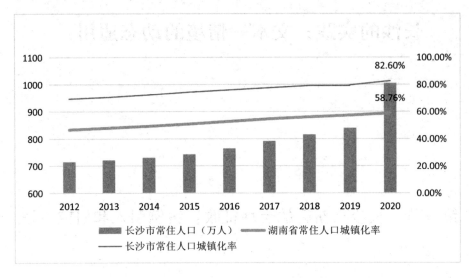

图 6-1 2012—2020 年湖南省与长沙市城镇化率变化

数据来源：历年国民经济和社会发展统计公报

长沙高新技术产业开发区（以下简称长沙高新区）位于湘江以西，创建于 1988 年，在 1991 年获批为首批国家级高新区，是长沙市向西拓展的战略区域。如今，长沙高新区已成为长株潭国家"两型社会"建设综合配套改革试验区、长株潭国家自主创新示范区、国家级湖南湘江新区"三区"叠加核心区，不仅肩负着产业发展的远景目标，还承担着改革的重任。2019 年，长沙高新区在全国高新区综合评价中排名第 11 位[①]，招商引资成果显著。

———————————

① 再进一位！长沙高新区在国家高新区综合排名升至第 11 名［N/OL］. 湖南日报，2021-01-17.

长沙高新区的成功所仰赖的不仅仅是优越的政策环境，还有高效及时的土地供应。征地所带来的不仅仅是产业发展、税收收入以及城镇化率的提升，还会给相应的政府工作人员带来丰厚的绩效产出，从而影响其职业发展乃至政治生涯。据高新区征地办的工作人员透露，为配合园区发展与招商引资工作的开展，长沙高新区每年都有 3000 亩以上的征地任务，主要是根据企业的用地需求而定。不仅征地规模大，征地速度也很惊人，"一月清零"（所涉及的被征地农户全部签约）是常见的情况，更有甚者号称"十天清零"，且签约过程中没有上访、群体性事件等剧烈冲突现象。剖析该地区的实践，可以看到街道层面的基层干部在征地过程中的治理行动，及其在征地冲突预防和化解中的努力，从而揭示了征地制度文本与现实情境之间的冲突所在及冲突化解的路径。

项目组成员于 2018 年 9—11 月两次前往长沙高新区进行实地调研。在调研过程中主要采取半结构化访谈的方式，在出发前结合理论归纳以及研究关切设计了访谈提纲，为访谈活动的推进指明方向。通过对长沙高新区的基层干部及部分被征地农民进行访谈，笔者了解了案例所在地的征地政策文本依据、征地主要项目情况、具体征地项目进展及其相应举措等，获取了丰富的研究资料。笔者对所获取的调研录音和资料全部进行数据编码。

第二节　土地征收冲突：文本与情境分析

一、征地程序约束 VS 征地多多益善

（一）征地的合法性要求

制度文本的形成是一个社会建构的过程。从文本的制定，到文本解读，再到政策执行者形成认知并落到实地，文本是制度的原始形态，也是一种理论状态，而落实以后才是制度的最终形态，是根植于情境的真实存在。文本是制度的起点，在土地征收中政策文本备受关注，特别是针对征地补偿合理性和程序合法性的研究尤为广泛。征地文本赋予了征地行为合法性，不仅是实施征地的地方政府所应当恪守和遵循的行动指南与制度约束，更是被征地农民维护自身合法权益的法制保障。

依照《中华人民共和国土地管理法》（2019 年修订）的规定，征地的合法性由征地目的和征地程序来保障，只有出于公共利益考量，有序完成正当的征地程序，征地项目才是合法合规的。笔者在 2018 年 10 月份前往长沙开展实地调研时，一名受访的街道办主任对此非常认同，"征地拆迁的程序性非常强，需要依照法律程序逐步推进"。

我国对于农村集体土地征收及土地用途转换有明确的规定，从指标数量到征地程序都进行严格管控。2006 年《土地利用年度计划管理办法》将新增建设用地计划指标（该指标细分为新增建设用地总量和新

增建设占用农用地及耕地指标，用于整体调控新增建设用地及未利用地）纳入年度计划，增强了土地计划的整体调控，从源头上统筹征地总量。

《中华人民共和国土地管理法实施条例》（2021 年修订）对征地程序进行了规定，采取"两公告一登记"，即在征地方案获批后公告，组织被征地农民进行补偿登记，确定征地补偿安置方案后再次公告（见图 6-2），征地审批完成才能进入实施阶段，开展签约、补偿、安置等工作。一旦征收土地方案公告，后续步骤就会落实到底，并不会因征地争议或冲突的发生而停止实施。为了减少因"先斩后奏"违规征地引起冲突，同时吸取"三块地"改革以来的重要成果和经验，《中华人民共和国土地管理法》于 2019 年进行了第三次修订并于 2020 年 1 月 1 日正式施行（见图 6-3），对征地程序进行了调整，将被征地农民的知情和社会稳定风险评估作为开展征地工作的前置条件，并嵌入了召开听证会的条件性程序，如果征地方案存在违法违规情况，就应该调整方案或者"悬崖勒马"，让征地的合法性审查成为可能。关于土地征收的相关修订变化较大，征地的公共目的性进行了细化，程序上更加关注被征地农民的意愿与征地补偿费用的落实，推动解决被征地农民的养老保障问题。总体而言，新修订的土地管理法更加谨慎地考虑了征地程序的启动和农民权益的保障问题，更加严格地约束了征地权，提高了征地的合法性。

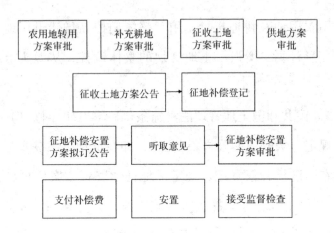

图6-2 地方政府征地流程

注：来源为《中华人民共和国土地管理法实施条例》（2021年修订）；纵向上有先后关系，横向标箭头处具有先后关系，其余为并列关系。

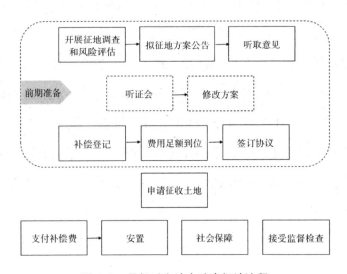

图6-3 县级以上地方政府征地流程

注：来源为《中华人民共和国土地管理法》（2019年修订），虚线方框为条件性程序，当征地方案引起多数被征地农民的反对，认为其违法违规时，即可触发。

在本研究调查进行之时，长沙市关于征地工作的指导性文件《长沙市征地补偿实施办法103号令》（长沙市人民政府令第103号，以下简称"103号令"）于2008年4月1日正式施行。103号令延续了《中华人民共和国土地管理法》（2004年修订）的规定，对征地实施的负责单位、征地补偿标准、征地补助及奖励费、被征收房屋认定等内容进行了细化，使征地工作的开展更具有可操作性。103号令中规定，征地补偿费用包括土地补偿费、安置补助费和地上附着物及青苗补偿费，其中土地补偿费和安置补助费依照"产值倍数法"计算，并从安置补助费中提出专项金额用于被征地农民的社会保障。2009年湖南省发布《关于公布湖南省征地补偿标准的通知》（湘政发〔2009〕43号），将各市县的土地补偿费和安置补助费总和的计算方式从"产值倍数法"改为依照区域（片）综合地价进行计算。2010年，自然资源部《关于进一步做好征地管理工作的通知》（国土资发〔2010〕96号）提出，应当根据经济发展水平、当地人均收入增长幅度等情况建立征地补偿标准动态调整机制，每2~3年对征地补偿标准进行调整，逐步提高征地补偿水平。长沙市积极响应，在2013年及2018年对补偿标准进行了调整，2013年的征地补偿标准整体上调15%左右，2018年上调30%左右①。

在具体实施中，长沙市各区县在开展征地补偿工作时都是按照103号令来执行的，采取货币化的补偿方式，即参照补偿标准来量化补偿金额，给予一次性的货币补偿。安置房的形式以保障房为主，可以依据人口或者已经认定的房屋合法面积来确定安置房面积。被征地农民可以在

---

① 湖南省人民政府．湖南今年1月1日起施行新征地补偿标准普遍提高30%左右［EB/OL］．湖南省人民政府网，2018-05-14.

确定的安置房面积之内低价购买安置房，也可以将剩余面积回售给政府获得相应的对价。

（二）政绩驱动

在普通百姓看来，一旦发布征地公告，征地拆迁就"自然合法"，他们并不关注能否让征迁项目停摆，而是想方设法为自己尽可能多地争取利益。少数知道项目具有合法性缺陷的农民，反而会以此为要挟，索要更多补偿。

访谈资料 1

现在都是协议拆迁，说难听一点，就是政府手续不到位，非法拆迁。（政府）跟老百姓谈判，你这房子、地给我，我给你多少钱。老百姓他不懂，反正都是当地政府搞的，就配合着拆了。有些懂的老百姓就说，我不拆，你（此次拆迁）这是非法的，我随你怎么搞，就是不拆，有可能最后得到的钱就多。（C7，2018-10-11）

政绩驱动下的征地工作不仅体现出征地"量多"的特点，还有"高效"。在与基层干部访谈中得知，征地项目来得急、要得紧，项目周期短是比较常见的情况，"时间紧、任务重"正是对基层干部开展征地工作的写照，也给基层干部形成了巨大的工作压力。现阶段的征地工作对效率要求高，但是可用的手段少，且效果要求要更高，"一月清零"仿佛已成征地常态（见访谈资料2），更有甚者号称"十天清零"，街道间的相互竞争与攀比也成了高效征地的重要动力。但是如此"高效"的成果会让领导形成"征地很容易"的假象，进而缩短征地时间，让征地工作陷入更难操作的困境。上级政府为经济发展而来，基层政府任重道远。现在对征地工作的纪律要求越来越严。如果是有"红线"的高新项目，基层干部能够动用更多抓手来促进拆迁工作的开展，开展工作能够更有"底气"；如果是"协议拆迁"，抓手很少，基层干部往往需要在"说理"和"利诱"之间谨慎行事。

访谈资料 2

最近有一个 488 亩的项目只用了 1 个月就拆完了。指挥部 9 月 8 号成立，10 月 2 号开始签约，百分之九十几的人都很快签完了，最后剩下的只有个把户，到 10 月 10 号也都签完了。这项目是很突然的，8 月底的时候才知道，10 月底必须要，11 月（建设工程）必须要动工了。老百姓说突然，我们干部自己也觉得很突然。这个项目的周期原本应该是 3 个月的。（C8，2018-10-14）

尽管征地制度文本中对征地程序和征地合法性有诸多约束，然而，在地方经济发展的政绩驱动下，基层征地实践却早已形成一些"心照不宣"的操作，呈现出另一幅图景。虽然由此产生了"又快又好"的征地结果，但是基层违反文本约束的权宜性实践却埋下了征地冲突的隐患。

二、制度弹性 VS 公平诉求

（一）标准模糊与自由裁量

征地补偿以货币形式为主，将土地、房屋、青苗等要素进行货币化折算，形成最终的补偿金额，其中补偿标准的设定、具体执行中的测量、调查、记录、核算都有可能影响补偿金额的确定。在征地文本中，补偿标准的确立具有重要意义，长沙市 103 号令中就附有征地补偿标准的细化内容，包括土地补偿费、安置补助费、青苗补偿费、住宅房屋补偿费等内容，对于补偿标准的划分和具体的补偿金额都有明确的规定。如针对房屋的补偿款，需要结合房屋结构、成新、房屋装饰装修及设施补偿费、购房补助费来整理核算，对于其中的任何一项都有细化的说明和增减比例的调整标准，地方政府可以按照文件当中的条目——进行调查核算。

补偿标准看似全面、统一、可操作，可以让征地补偿核算工作滴水不漏，但是现实比文本要复杂得多，在实践过程中会发现，制度规定本身具有一定的弹性，再加上基层政府在执行中使用自由裁量权，使得补偿核算不再具有文本意义上的统一性。

农村的房屋都是自建房，独门独户，每家每户按照自己的需求和偏好进行建设，但是建造完毕的房屋千差万别：有些是方方正正的楼房，有些则是外观大方的别墅，有些还是毛坯，有些则是精细装修，且选材用料大相径庭。每一处小地方的差异，都有可能导致认定过程中的矛盾。从这个角度来看，补偿款的核算本身就难以做到绝对的公平公正。再加上认定的过程是由人来负责，要么由基层干部自己，要么由专业的第三方团队，在认定的过程中基层干部就有可能行使自由裁量的权限，通过灵活执行来增加谈判的砝码，见访谈资料 3。

访谈资料 3

我举个比较极端的例子，一个拆迁户，他情况很特殊，不签字。最后领导做了个处理，把他的房子结构从砖木结构变成了钢混结构，（钢混结构的补偿标准）价格就贵了，多了十万块钱。（C10，2016-11-05）

农村中还有许多疑难问题尚未解决，在征地过程中因为缺乏统一标准容易暴发冲突。如房屋面积与房产证面积有出入、外嫁女问题等，在不同地区有不同的处置方法，哪怕是隔壁区县也可能存在不同的处置原则。房产证办理有其历史背景，以前农民办理房产证需要按面积收费，有些农民舍不得，就不办理房屋权属证明，或者办理面积小一点的房产证。但是，现在征地都是以房产证上登载的合法面积来作为补偿安置的依据，如果没有房产证，就只能按照人口的多寡来计算安置房的面积，如果家中人丁不旺盛，有些农民就容易心生不满。基层干部向笔者介绍了一个典型案例：一农民家中有三口人，拥有500平方米的房子却没有房产证，一直拖着不签约。作为该征地项目的最后一户，最后以政府多给17万元补偿款收尾。

补偿标准的模糊化与基层政府的自由裁量相结合，往往以政府妥协为结局，使得制度弹性进一步扩大。

（二）农民的公平诉求

在土地被征收之后，农民失去的不仅仅是土地，还有附着于土地之上的种种功能，包括所有权功能、就业和发展功能、保障功能等，还会颠覆他们以往的生活节奏、生活习惯，从而对农民的生活水平和长远生计产生重大影响。一次性货币补偿买断的不仅仅是被征地农民的财产，还将他们的长远生计推向了不确定。因此，农民希望在这"一锤子买卖"当中争得更高的补偿，至少应该是公平的补偿，从而消解对于未来不确定性的焦虑。

征地冲突的暴发鲜少是因为农民不愿意参与征地，而是因为征地补偿不到位、对征地不公的不满。失去土地已使农民身处弱势，而征地补偿又是一次绝无仅有的机会，被征地农民对于征地补偿的公平需求是一种本能，在这个时候，他们都是锱铢必较的"理性人"。从内部公平而言，是为自己的土地资源及土地保障功能寻求公平合理的对价；从外部公平来说，他们希望在同等条件下被同等对待，甚至是得到优待，而不是"吃亏"。公平是最基本的诉求，利益最大化则是更好的结果。

被征地农民的"吃亏"感受常常是相对而言的。一方面，他们会打探别人的补偿金额，再跟自己的对比一番，哪怕自己得到的不少，但是别人得到的更多，他们也会觉得"吃亏"；另一方面，他们还会怀疑有些人通过作假得到了更多补偿，自己没有作假就是"吃亏"（见访谈资料4）。征地补偿核算是以户为单位的，单单每家每户的人口、宅基地面积、耕地面积等这些街坊邻里基本相互了然的资料就已经千差万别了，更何况还要核算房屋的材质、装修用料等繁多的补偿指标，而货币化补偿让被征地农民只看到了一个最终的数字。资料核算的逻辑与被征地农民的认知之间存在的一定差异，也是被征地农民产生心理落差和不公平感的重要原因。

访谈资料4

现在就是在自己多挣和少挣这个地方不平衡，（被征地农民）只要签下去就觉得吃亏了，但是其实每个人都已经超出他自己该算的（按照补偿标准应得的利益）。觉得吃亏的第一个原因是别人得的更多，我得五万，人家得十万；第二个原因是我签约都没搞假（作假），为什么别人搞假就作了数。（C4，2016-11-12）

在征地过程中，被征地农民对于公平的关注是空前的，他们不仅会关注自己应得的利益是否完全得到，还会关注别人的补偿情况，对于基层干部所采取的行动也会格外关注，制度弹性的特点只会加剧被征地农民对基层干部的质疑，消解被征地农民对于基层政府的信任。因此，基层干部如何执行政策，抚慰被征地农民敏感多疑的心，对于化解征地冲突至关重要。

第三节 基层治理实践：连接文本与情境的桥梁

"堵不如疏，疏不如引"，化解征地冲突不应该等到冲突显化或激化时才行动起来才充当"消防员"，事前的预防引导和事中的协调控制同等关键。为了搭建起连接征地文本与情境的桥梁，一方面，基层政府主动着手修订规则，试图使征地文本更具合理性和可操作性，进而弥合文本与情境之间的间隙；另一方面，基层干部在与被征地农民沟通谈判的过程中见机行事，善用自由裁量权，采用多种手段来实现有效治理。

一、政策优化与激励策略

(一) 总结教训，优化政策

为了促使被征地农民配合，缩短征地周期，基层政府主动从以往的征地经验中总结教训，通过修订规则、优化政策的方式让征地文本更易为被征地农民所接受。

在征地过程中，选房顺序牵动着被征地农民的心，因为它决定了被征地农民能否选到中意的楼层、户型和朝向，顺序在前就有更多的选择空间，而顺序在后就备受局限，不尽如人意。如何确定合理的选房顺序，在各地的征地工作中有所不同，可以召开村民大会通过摇号的方式来确定选房顺序，或者根据倒房（机械推倒房屋）时间的先后来确定。前者完全随机，但是并不能得到被征地农民的充分信任；后者具有较大的操作空间，拆迁机械有限，如果被征地农民扎堆签约，倒房顺序就存在很大的不确定性，容易引发争议。为了不让选房顺序留有作假空间，同时还能具有激励作用，基层干部自创以电话时间作为依据。被征地农民在完成腾房准备之后给基层干部打电话，在电话告知之后，会有基层干部前往核验，如果达到倒房条件，就以打电话的时间为准，有据可查而且精确度高，甚至可精确到秒。这一新方法的使用受到了被征地农民的认可，激发了被征地农民配合征地的积极性。

在交房阶段，基层政府设立了残值费补贴的项目，目的是防止被征地农民在建筑材料的剩余价值上做文章。在过去的实践中，有些被征地农民为了获得更多的补偿款，提出房子的装修材料还有价值，可以把房屋上的砖块、钢筋等材料拆下来出售，通过不断地拖延扯皮来让基层干部妥协。为了避免类似的事件再发生，基层干部设立了残值费补贴，用以将建筑物料全部打包购买，起到了预防冲突的作用。

基层干部总结以往征地工作中的经验教训，不断创设新做法预防冲突的发生，对征地工作的推进起到了积极作用。

（二）保障与激励并重，加快征地进程

在经济发展导向的驱使下，基层干部在组织征地工作时既要注重效率，又要兼顾效果，因此在达到政策要求的生计保障的基础上，还设立了一些"土政策"来激发被征地农民的积极性，以尽快推进征地拆迁进程。

长沙高新区采用货币化补偿的形式，并统一建设保障房用于被征地农民的安置，被征地农民可以通过远低于市场的低廉价格购买保障房。保障房的购买价格为每平方米 1200 元，保持十余年未变，与周围每平方米动辄六七千元的商品房价格相比确实处于较低水平。在征地补偿中，关于房屋的补偿往往是占大头的，基层政府所宣贯的政策都是"有证认证，无证认人"，可以选择按照人口核算或者按照房产证的合法面积计算。在 2018 年 10 月启动的一个征地项目中，如果按照人口核算的话，安置房面积每个人对应 80 平方米，如果按照合法面积计算的话，安置房面积为宅基地面积的两倍。合法面积不仅对应保障房的面积，也将确定房屋拆迁补偿费用，包括结构补偿费、装饰装修补偿费、购房补助费、2 次搬家费、2 年过渡费、按期拆除奖励费、户外设施、生产用房和农用工具补偿费九项。从补偿内容可以看到，这些补偿的条目考虑到了被征地农民失去土地之后的生活变化，迁离故居、租房过渡、购买新房等，确保被征地农民在征地之后能够正常生活。

长沙高新区不仅落实了政策上"保持被征地农民原有生活水平不下降"的要求，同时还创新性地提出了多种具有激励作用的"土政策"，以加快征地进程。同时还用奖励、激励的方式来增加被征地农民的获得感，防止被征地农民采取一些不必要的抵抗或对抗行动。"土政策"包括"853"政策、违章建筑工钱补贴的"248"政策、拆迁安置相关工程项目竞标的优先权等，这些政策都传递出一个信号：尽早配合签约、腾地，才能获得更多的利益。这些激励政策的实施确实缩短了征地周期，加快了征地进程。

长沙高新区自设"853"政策，即在规定的时间范围内签约，就可以分别获得8万元、5万元、3万元不等的签约奖励。在某个征地项目中的规定如下：针对项目内的合法户，在第一个5天内签约的奖励8万元，第二个5天的奖励5万元，第三个5天的奖励3万元，过了期限就不再有奖励。根据这个规定，整个奖励周期为15天，且三个时间段所对应的奖励数额依次递减，对被征地农民来说具有较大的吸引力，鼓励异议较少或没有异议的被征地农民率先签约。在签约之后，对于征地过程中的部分工作，已经签约的被征地农民拥有优先投标的权利，如房屋机械拆除项目、安置小区的电动车充电装置安装项目等，被征地农民可以合理合法地多赚钱。这些做法都对"又快又好"地推进征地进程起到了积极作用。

长沙高新区不仅在政策层面上落实了上位法律法规的规定，保障了农民的权益，还从基层实际出发设立了多种奖励激励政策，保障与激励并重，在加快征地进程的同时也能够有效预防征地冲突的发生。对于地方政府而言，与快速腾地使开发落地所能达到的预期收入相比，奖励激励的花费并不足挂齿。

二、一户一档，细化管理

（一）非正式网络与技术性工作的组织化

长沙高新区在征地实践中善于整合村庄当中的非正式网络。征地项目的组织成员主要由街道层级（乡/镇级别）的基层干部、区征地办公室与征地拆迁事务所的工作人员和村干部共同组成，基层干部主要负责与被征地农民沟通，开展群众工作；征地办公室与征地拆迁事务所的工作人员负责推进征地程序，承担测量、核算等技术性工作；村干部作为在村庄内部的帮手，协助基层干部与被征地农民进行沟通和调解。

以新能源项目综合片区拆迁项目为例，该项目征收的土地面积共488亩，涉及3个村，分属3个街道，分别是东方红街道、雷锋街道和白马街道。东方红街道仅涉及不足7亩的土地，雷锋街道与白马街道涉及面积较大，都有200余亩，且都有农村宅基地需要拆迁。在该项目中，共有50名工作人员共同对接，组成拆迁指挥部，包括高新区征地办派驻资料员8名及指挥长2名，街道工作人员及村干部共计40人。资料员的主要工作是登录数据、核算补偿数额，街道工作人员及村干部的主要工作是开展群众工作，入户与农民沟通，争取农民配合，确保征地进程顺利推进。

长沙市的半正式治理被进一步优化组合，村干部与基层干部一同整合分组，进入农民家中讲政策、算补偿、察诉求、想办法、解矛盾，在正式制度与人情关系网络当中游刃有余。村干部的参与既解决了正式行政人力不足的问题，也为政府与被征地农民进行民主协商起到了缓冲作用。村干部本身就是村里的一分子，在整村拆迁当中一般也是被征地对象，他们与被征地农民之间具有更加紧密的联系。村干部以"说客""和事佬""中间人""带头人"等身份在征地中发挥了重要作用。为了找到合适的中间人，基层干部需要对被征地农民家中的情况了如指掌，"一把钥匙开一把锁"，找到了合适的钥匙，才能高效地解决问题。例如，一位妇女在签约之后，当场大闹要撕协议，说她理解有误，以为总补偿额为 120 万元，而协议上则是 116 万元。基层干部只好找来村支书当"中间人"，村支书曾经帮助过该妇女，说话更容易被接受，在村支书的劝说下，同意把 4 万元作为保洁员工资发放给该妇女，才保住了征地协议顺利。组织化的另一面是技术性工作，由专人完成，比如征地拆迁事务所备有专门的测量队伍，进行房屋、耕地的面积测量；被征地农民签约、腾房之后由第三方拆迁公司负责房屋拆除工作。

征地拆迁工作形成了由基层干部带头、各部门职责清晰的组织架构，一方面开拓和维护了当地的社会关系网络，另一方面将技术性工作进一步技术化、程序化，为预防矛盾和化解冲突做好了铺垫，规避了乡村非正式治理可能引发的秩序混乱。

（二）一户一档，逐个击破

基层干部丰富的征地经验首先来自对政策的高度熟悉。在征地项目确定之后，政策宣贯就必须提上日程。为了让被征地农民了解并理解政策的文本内容，同时在交流中与他们拉近关系、建立信任，街道会组织基层干部进行征地拆迁相关政策的培训，由经验丰富的领导进行授课。

授课内容包括学习长沙市征地补偿相关的政策文件，掌握征地补偿标准、附着物及青苗补偿标准、安置方式、社保缴纳、集体经济组织成员认定等政策要点；学习高新区的拆迁工作流程、现场认定流程、资料构成内容、前期走访须知、拆迁常用技巧等在具体工作开展过程中具有指导意义的内容。多数基层干部具有丰富的征地经验，熟悉被征地农民的不安和质疑，也了解解决问题的技巧。

从征地准备阶段开始，基层干部通过入户调查，为被征地农民解读政策、提供帮助，如迁移户口等，与被征地农民保持密切的沟通，掌握被征地农民家中的基本情况以及拆迁的难点，建立"一户一档"。在入户调查之后，紧接着就是核算补偿款，进入"三榜公示"的环节。"三榜公示"是长沙市为了确保征地补偿的透明性而订立的规则，第一榜公示是在发布征求意见公告之前，将所有个人补偿费用进行公示，方便被征地农民查缺补漏；第二榜公示是在第一榜的基础上，补足缺漏之后重新公示；第三榜公示是将实际的补偿数额进行公示，原则上不得多于第二榜公示的数额。在实践中，要让被征地农民签约着实需要费一些精力，鲜有一次沟通就愿意签约的，因此基层干部往往需要将征地政策烂熟于心，牢牢把握被征地农民的家庭情况和征地补偿，根据每家每户的具体情况和诉求来作出反应，按照"一事一议"的策略行事。

"化整为零，逐个击破"是基层干部所采用的策略，工作人员分组对接被征地农民，以户为单位商讨征地补偿方案并保密。每家每户以自家的利益为重，往往各自为战，以较为温和的拖延、犹豫来表达诉求，难以形成抗争合力。如果有剩余几户难以说服的，拆迁指挥部的成员将会进行讨论，由负责人或者上级领导拍板处置方案，以开展针对性的工作。在这样的策略下，基层干部寻求的就是被征地农民满意，通过满足被征地农民的内部公平需要来淡化人们对于外部公平的关注。

三、治理手段的软硬兼施

（一）沟通中的语言艺术

基层干部分组对接拆迁户，以提供更有针对性的服务和政策解读。除了入户调查之外，还会把被征地农民一户一户地请到指挥部详谈。虽然基层干部与被征地农民站在征地谈判的对立位置上，但是基层干部在努力通过自身的表达和行动来拉近与被征地农民之间的距离，摆脱刻板的对立状态，营造一种平等对话的氛围。在谈话的过程中，基层干部都是先从拉家常着手，拉近彼此之间的关系，气氛预热完毕后才慢慢引入正题。说到补偿金额时，常常使用问句和感叹句的形式来表示关切，如"你先看一下资料，如果哪个地方没算到的话那就亏了！""再看看资料里面有没有哪个地方没有给你算到位的，再给你加上去！""那个猪圈有没有算？那个土房子的面积有没有搞错？""要不要给你复下尺，重新测量一下？"对于被征地农民提出的疑问，快速回应并付诸行动。例如，有一位被征地农民提出自己的房屋结构不是砖混结构，而是钢混结构，他应当得到更多的补偿金。基层干部对每户家庭的情况都如数家珍，却并不着急反驳，而是答应一同到他家里看看情况，看完之后再处理。从语言上和行动上共同响应，这样的热心与关切充分展示出了对被征地农民意见的重视，让被征地农民产生信任感，进而被基层干部将心比心的话语和行动所打动，发出诸如"你放心，反正我不会做最后一户""反正该算给我的，你都算给我了，我得签字"这样的响应之声。

被征地农民不仅需要物质补偿，还需要心理关怀。有些被征地农民担心自己会因在征地中受到不公待遇而感到委屈，因而不愿配合征地工作，一旦这种心理上的猜疑和无助被抚平，那么冲突就会不攻自破。利益纠葛本身就使得干群关系愈显脆弱，此时更需要基层干部用真诚的态度和贴心的服务来解开心结。

（二）默许与抓把柄

基层干部除了运用语言关切的"软"手段之外，还会采用"硬"手段。例如，有些被征地农民通过假结婚的方式增加人口，以期获得更多的补偿，基层干部以此作为突破口，劝说其配合签约，确实起到成效。

"拆违促拆迁"也是常用的手段。违章建筑是未办理建设手续的违法违规建筑，应当依法拆除。在征地的情境下，拆除违规建筑会遇到较大的阻挠，如果强行拆除，可能会引发冲突。这时，基层干部在与被征地农民沟通的过程中，以工钱补贴或者合法化的名义来安抚被征地农民的情绪，如果他们愿意配合拆迁，那么违章建筑也会给予一定数额的补贴金额，如果被征地农民不愿意配合，那么不仅没有补贴，还会无偿拆除，到头来只会血本无归（见访谈资料5）。违规本来就有些心虚，再加上基层干部的威胁和利诱，被征地农民很快就会妥协。默许的策略实际上就是一个相互嵌套的博弈过程，而最优解则是"政府让利，农民配合"。在"抓把柄"的策略下，基层干部掌握了和被征地农民谈判的砝码，用利益的引诱和威胁让被征地农民配合，而且，配合以后被征地农民所能获得的物质补偿反而更加丰厚，在一定程度上消解了被征地农民心中的疑虑，甚至让农民因为收益超乎预期而产生满足感和成就感。

访谈资料5

> 我们所说的非法拆迁，风险很大，不一定拆得下来啊。我们拆迁有一种手段，叫"拆违促拆迁"，就是拆违章建筑。老百姓很多都是超过政策规定多建的，比如说你本来可以建200平方米，你建了500平方米，我就说你300平方米是违章建筑，我一分钱不补把你拆掉，叫违章建筑没有补偿，就是老百姓违法。那我就说，你听政府的，我就给你补偿，把你算合法。你不听政府的，我也爱莫能助。（C9，2016-11-18）

第四节　研究结论

城镇化进程持续推进，土地征收在未来较长时期内仍将以较大规模持续进行。以长沙市高新区为例，其征地工作周期短、冲突少，但是在运用制度适应理论进行详细分析之后发现，长沙高新区的征地文本与社会情境存在一定差距。为了弥合文本与情境之间的间隙，基层干部采取了多种基层治理手段，在一定程度上弥合了文本与情境之间的间隙，化解了征地冲突。

一、征地合法性 VS 政绩驱动——政策优化、保障与激励

征地合法性是征地工作的基本要求，也是各项法律规定所捍卫和保

障的重中之重。基层政府通过规则制定的方式来消除文本与情境之间的间隙。基层政府从政策优化着手，确保征地补偿安置过程中保障与激励并重，从而引导被征地农民配合，以加快征地节奏，弥补征地合法性的缺失。在保障方面严格按照政策要求予以落实，在征地项目中全面落地补偿款核算、安置房安排、社会保障缴纳、就业培训开展、创业支持等各方面政策，以保障被征地农民的长远生计；在激励方面设立诸多"土政策"，通过限时奖励、激励的方式让被征地农民产生配合征地的紧迫感，将被征地农民的注意力从征地合法性转移到征地补偿的丰富性和紧迫性上来，避免被征地农民以此为要挟，坐地涨价或者维权抗议，哪怕奖励激励费用使得征地成本有所提高。

二、制度弹性 VS 公平诉求——一事一议，软硬兼施

征地文本的弹性与被征地农民对于公平的统一诉求存在巨大落差。征地文本本身具有概括性和模糊性的特征，执行过程中需要基层干部按照文本的统领性要求进行自由裁量，文本本身的局限以及基层干部的自由裁量权双重叠加，使得制度弹性的存在不可避免。然而，被征地农民在征地过程中对公平公正的感知和追求处于空前状态，不仅要获得应得的收益，还会格外关注外部公平的统一性。这种统一性与制度弹性所表现出来的差异性之间形成了不同的取向，成为征地冲突积聚的温床。

面对这样的情境，基层干部"见招拆招"，通过自由裁量的方式来化解潜在的以及初步显现的矛盾冲突。基层干部通过"一户一档""一事一议"、软硬兼施、政府让利的治理手段来争取被征地农民的合作

（见图6-4）。在制度弹性与被征地农民公平诉求的冲突面前，基层干部并没有控制约束自身的自由裁量权，反而将其作为最有效的手段来满足被征地农民的诉求。在和被征地农民沟通谈判的过程中，基层干部巧妙地运用语言的艺术，通过默许和开口子的方式来灵活发挥自由裁量权的作用，让被征地农民对征地补偿安置方案感到满意，从而引导被征地农民配合征地工作。

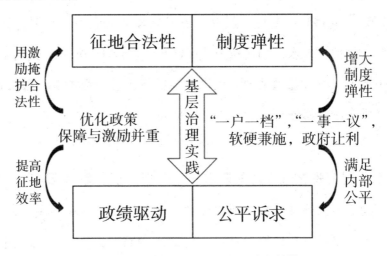

图6-4　基层治理实践：连接文本与情境

在具有合法征地手续的征地工作中，司法强拆是最终的后盾，基层干部在沟通谈判时拥有更多抓手。但是在"协议拆迁"的背景下，如果面对"钉子户"无计可施，既怕拖延又怕闹大，妥协"开口子"，从实际效果来看，基层干部的治理实践并没有从根本上解决冲突，而是"花钱买速度"的表现。从短期来看，确实加快了征地进程，减少了征地冲突，形成"又快又好"的征地效果，但是从长远来看，只会推升征地成本，不断拉大征地文本的弹性，破坏征地制度的公正性和严肃性，在社会中形成一种漠视征地规则、助长"钉子户"做派的不良风气。

第四篇

04

冲突化解的路径

第七章

制度适应视野下征地冲突的化解

在征地冲突频发的背景下,制度适应理论的分析视角强调制度文本与情境之间相契合。制度的文本构建是基础,而制度最终能否得以落地实施取决于对现实环境的理解和适应,从而有效化解征地冲突,实现对征地过程的良性治理。以下从文本、情境、治理三个维度总结制度适应视角下征地冲突化解的路径。

第一节 制度文本的构建

一、制定公正合理的制度文本

征地拆迁涉及的利益主体众多,关系到地方的发展和农民的切身利益,一旦出现利益纠纷,首先依赖于对制度文本的解读。因此,制度文本公正合理,并且对所涉不同利益主体做到公开易得,是有效化解冲突的首要因素。

二、增加征地合法性审查程序，健全征地监督制度

法无授权不可为，政府应当严格遵循法律法规，在权限范围内按照程序要求开展征地活动，以避免出现权力滥用、违规征地的负面情况。第一，政府应当切实落实《中华人民共和国土地管理法》（2019 年修订）对于征地前社会稳定风险评估及民意调查的要求，提前评估、提前预判、提前化解征地冲突的风险点，治理思路要实现从"救火"到"防火"的转变；第二，国家应当扩大司法系统的受案范围，将征地合法性审查纳入司法审理范围当中，允许法院对征地的公益性目的和征地必要性程序进行审理，从源头上制止违规征地的行为；第三，土地管理部门应当加强行政监督，加大土地督查的强度和力度，定期开展土地利用情况的检查、监督工作，调解征地纠纷，及时发现并处置土地违法案件，将征地冲突扼杀在萌芽状态；第四，信访部门应当妥善处置征地冲突导致的上访事件，了解当事人的意见和诉求，及时回应，控制事态规模，防止冲突激化。只有健全征地的救济制度，畅通被征地农民的诉求表达渠道，才能够将征地冲突的消极影响控制在较小的范围之内，促进社会稳定和征地法治建设。

三、规范征地程序与补偿标准，保障被征地农民的合法权益

《中华人民共和国土地管理法》（2019 年修订）对征地程序进行了调整，将征地调查与风险评估、听取意见前置，体现了对被征地农民意见和权利的尊重。在补偿标准方面，规定应使被征地农民分享到更多应

得的土地增值收益，让农民能够共享城镇化的红利。在征地过程中，基层干部应当严格按照征地程序开展征地工作，对于需要听取被征地农民意见的，要尽可能做到人员的全覆盖，通过召开村民大会的形式或者入户调查的形式，保障被征地农民的知情权和参与权。基层政府应该更多地考虑被征地农民的利益，切实落实政策要求，给予他们更多的关怀和帮助，让被征地农民成为征地进程中的合作伙伴，而非反抗者。任何走形式、走过场、不走心的行动都只会消解被征地农民对基层政府的信任。

第二节　对制度情境的适应

基层政府是征地冲突的主要发生对象，也是化解冲突的主要治理主体，其所采取的态度和行动将会深刻地影响征地冲突的走向。当前群众的利益诉求呈现多元化、差异化特点，其利益表达意愿和利益表达能力都在不断提高，尤其体现在村民的观念和行为方式中。基层干部应该密切关注群众，置身于征地实践的现实场景中，深入认识村民的价值观念及其采取的行为方式，适当地站在村民的角度换位理解，及时回应，在矛盾积累前、纠纷发生前、冲突暴发时以及处置善后时都要做出积极的引导和干预，刚柔并济地推进征地政策有效实施，形成冲突治理闭环。

一、制度情境的多元化

（一）村庄情况各异

不同村庄的自然环境、社会条件各不相同，面对征地条例，现实情况的差异性决定村庄、村民对其的反应不同。如土地资源的多寡可能影响村民对土地的依赖程度，从而影响其对征地的抵制程度；当地乡风民俗、传统意识与征地实施办法、政策法规适应性情况，影响着村民对征地的看法态度；农民社会政治意识强弱和文化水平的高低可能影响其对自身利益诉求的动力强弱，采取的自我维护行为也会不同，自主意识和维权意识强的可能会积极抗争，缺乏相应意识的村民可能会顺从妥协或者"另辟蹊径"；村集体、乡贤精英的力量差异也会使得征地实施的阻力大小不同。

（二）农民诉求多样

1. 长远生计是被征地农民的首要考量。土地是农民赖以生存的基本物质资料保障，也是其获得就业、发展、财产性收入等的主要渠道，失去土地即意味着失去大部分生活来源，这也就决定了农民对于征地最为关注的是自身长远生计的问题。同时，由于土地是农民长期依靠的主要物质生产资料，农民缺乏其他生产生活技能，失去土地进一步加剧了他们对于今后生计的担忧，使他们缺乏安全感和方向感，会考量失去土地后应如何维系自己的生活节奏和习惯，如何保持和发展生活水平，获得可持续性收入等。因此，农民对于征地补偿标准高低，征地补偿方式的全面性、保障性、持久性等尤为关注。

2. 对政府"父母官"角色的期冀。集体主义思维下的农民对于政府始终保持着一种"父母官"的认知和期许，他们希望政府既充当领导、管理角色，更兼具对百姓的爱护、疼惜。放在土地征收的具体实践中，农民一方面希望基层政府严格遵循上级指示，以合法、合理、科学的方式实施征地；另一方面，他们希望政府始终站在他们的利益角度考虑，倾听他们的声音，满足他们的需求，并像父母般温和友善地进行工作，而非强硬暴力、缺少人情味。

3. 对社会公平的追求。美国行为科学家斯塔西·亚当斯在 20 世纪 60 年代提出了"公平理论"。该理论认为"公平"是指收入分配的相对平等，"公平"可从横向比较和纵向比较两个维度来体现。横向比较上，"公平"体现在事情处理中不偏袒任一方，即参与社会活动中的每个人承担应承担的责任，得到应得的利益；纵向比较上，"公平"体现在当事人过去和现在的投入分配比相等。对农民而言，其对于社会公平的追求表现为内部公平和外部公平。在内部公平上，出于对失去土地后生计的忧虑，农民尤其注重征地赔偿获得的利益是否如实等同于被剥夺的利益，由于对自身土地的价值认知不明确以及在"理性人"利益驱动下，不可避免地希望所获补偿能居市场较高位置，不管补偿政策如何，村民们都想"多要一点"；在外部公平上，对农民而言，"不患寡而患不均"是最显著的公平准则，在失去自身赖以生存的土地后，农民对于征地补偿的不一致更为敏感，对于公平需求更为急迫，他们希望被同等对待，甚至是优待，他们并不关注补偿缘由，而是一律无法接受低于他人的补偿，拒绝"吃亏"。

二、多元化制度情境的适应

要适应多元化的农村情境，基层干部就应见机行事、灵活使用自由裁量权，因此因地制宜、因事制宜，采取针对性、多样化的手段尤为关键。

第一，掌握村庄基本情况，深入调研，有效摸排，做好前期工作，细致了解与分析村庄的具体情况，对于可能产生的冲突焦点进行预判，预先准备不同的治理工具和应对策略。如当面对的村庄村民依法抗争的意识和意志较强时，避免采取强硬的对抗形式，降低冲突发生风险，转而更多地采取缓办、沟通等方式，软化村民态度，各自让步达成协作；当面对文化水平相对较低、惧于政府权威而钻漏洞采取的温和性抵抗的村民时，更多强调监督机制，并辅以奖励政策，让村民不敢违法乱纪，引导村民以合法正常的渠道获得更多利益。

第二，优化现有政策，确保征地补偿措施能起到保障与激励的双重作用。面对农民对于长远生计的忧虑，对农民有争议的补偿项目、物件提早做好规划，在符合条件的情况下，细化具体物件的补偿标准，如建筑材料的剩余价值、装饰装修的补偿甚至按时拆迁的奖励等，以此减少农民的不安全感，推动征地拆迁进行得更为顺畅。通过配套政策、后续政策的完善，如安置房的安排、社会保障缴纳、社会福利制度、就业培训开展、创业支持、法律援助等方式保障失地农民今后的基本生活，同时"授人以鱼不如授人以渔"，培训农民其他方面的生活技能，激励农民快速融入新型生活方式，提高农民的归属感和获得感，使他们能够真正维持稳定且可持续的个人和家庭生活。

第三，履行"父母官"角色，恩威并施，运用农民熟知认可的方式因势利导，顺势而为。将上级政策的内涵、实施路径、政策落实方式的原因以及农民违规操作会带来的后果等积极传达给农民，以政策权威性和政府威信力让农民了解且信服政策。更重要的是，在信息传达与具体操作过程中，要发挥语言艺术，采取耐心热情的工作态度，给予农民充分的心理关怀，让农民感受到政府对自身利益的尊重与认可，要善用农村独特的社会关系网络，理解被征地农民"重人情、讲道义"的朴素观念，充分发挥村干部、乡贤等与村民联系紧密且具有号召力的人员在沟通协商中的作用，从而提高工作效率，减少阻碍。

第四，采取公正透明的征地实施策略，细化管理，以户为单位针对性沟通补偿方案。切实做到征地步骤的公平合理、透明公开，让农民了解所征土地价值的计算方式和补偿标准，在内部公平层面，促使他们合理评估自身能够获得的利益，在外部公平层面，给予农民各家标准相同、平等对待的认知，以村民自主管理、互相监督的方式为外部公平提供保障。以户为单位，"化整为零，逐个击破"，能有效降低农户联合抗争的意志力，同时"一户一档"利于深入了解各户的具体情况和诉求，从而给出基于普遍政策基础上的具体补偿措施，有效满足被征地农民的内部公平需求，也利于淡化其对外部公平的关注。

第三节 良治的实现

一、文本与情境互相适应

在北京大兴国际机场的征地案例中，面临相同的政策文件，不同的被征地村镇有着不同的冲突模式，最后都得以善终的关键在于当地形成了文本与情境相适应的模式，也就是说，针对不同的环境和冲突模式，同一份政策文件如何去"适应"情境对问题解决至关重要。

（一）中央与地方衔接"制度文本"

征地拆迁涉及公平正义，关乎农民权益，此领域的"制度文本"是由中央制定标准，地方结合自身实际详细制定的。结合北京大兴国际机场案例来看，《北京大兴国际机场项目住宅房屋拆迁补偿实施方案》基于《大兴区集体土地住宅拆迁补偿标准的意见》；《大兴区集体土地住宅拆迁补偿标准的意见》根据《北京市建设征地补偿安置办法》；《北京市建设征地补偿安置办法》依据《中华人民共和国土地管理法》（2019 年修订）和《关于完善征地补偿安置制度的指导意见》。地方政府的政策执行力，是国家治理体系效能发挥的最终体现，低级别部门依据上一级政策标准自行制定适宜地方发展的措施，一方面可以避免地方为追求政绩而偏离政策目标，另一方面也可以避免"一刀切"现象，防止因简单化方式统一执行而导致的政策失灵现象。在征地过程中，为更好地协调多方利益，避免地方政府夹在"上级政府"和"被征收人"之间左右为难，必须进一步完善中央和地方的衔接机制。

（二）结合"地方情境"促使制度落地

土地的市场高价格与土地征收者压低土地价格的矛盾，土地征收用途导致的价格不一致，地方政府征地过程中追求效率，国家权力机关对被征收人"不满""抗议"的压制等，均关乎公平性问题。北京大兴国际机场案例中的某农户效仿"钉子户"做法多要赔偿、南各庄村集体抗议要"特殊政策"和大马坊村"多盖房，抢种经济作物，多赔偿"的现象是现如今征地拆迁冲突的缩影，反映了当今征地拆迁面临着"市场与集体""法治与人情"的宏观现实困境，以及"普适性法规与地方特殊情境"的微观现实困境，阻碍制度落地。因此，在征地政策制定过程中，政府要用人性化的目光考量现实环境。同时，在实施过程中，不仅要避免政策执行中的"一刀切"现象，也要杜绝被征地农民政策理解中的"一刀切"现象，加强征地政策的宣传，平复被征地农民的担心和疑虑，使制度得以顺利落地。

二、基层治理实践搭建桥梁纽带

长沙高新区土地征收"经济繁荣、官民和谐"的背后，隐藏着一系列问题，体现出当国家意图实现征地善治的主观意愿和征地实践结果之间出现分离状态时，基层治理实践应当为"文本"和"情境"之间搭建桥梁纽带，使其作为化解征地治理难题的重要主体。

（一）村民委员会发挥作用

从2016年最高人民法院颁布的《关于人民法院进一步深化多元化

纠纷解决机制改革的意见》等规定中可以看出，我国已经全面进入多元合作解决矛盾的法治化新时代。在征地过程中，村民委员会是最能了解农民利益诉求的基层自治组织，在农村现实生活中起到上传下达的桥梁作用，同时扮演着连接政府与农民的重要角色。在征地拆迁纠纷中，基层政府与社会公众能否进行有效沟通，是公众利益诉求能否以理性化方式予以表达的前提，更是双方间的观点能否得到有效磨合、能否最终寻求到问题解决之道的关键。基层自治组织的优越性在于其与被征地农民共享相似的生活经历与心理状态，能够更贴近、还原被征地农民的心境与情绪，同时又能以配合政府有关部门的工作为基本原则，因而能够在全面法治的大背景下发挥化解征地冲突的桥梁纽带作用。

（二）征地过程中礼法合治

征地是一项为了"公共利益"而开展的政府行为，目标并非实现政府利益的最大化，而是实现公共利益的最大化。以长沙市高新区征地拆迁为例，"征而不用，多多益善"导致的土地闲置浪费、用地指标与用地需求不匹配形成的不合法"协议拆迁"，"征地高效、又好又快"埋下征地冲突隐患等问题，违背了国家征地"文本"的初衷和目标。按照制度适应的逻辑，"文本"的有效运行需与"情境"进行良好的互动，实现制度变通和制度适应，但其前提是在"文本"规定的标准之下与"情境"相互适应。在此基础上，基层政府与公众才能实现征地拆迁活动中的理性化社会互动。因此，在征地过程中，基层政府应综合考量当地的风土人情和风俗习惯，更重要的是合法合理，公平与效率并重，依法保障被征地农民的权益。

（三）建立征地治理工具库

征地工作具有复杂性，在治理过程中常常需要结合具体的社会情境因势利导，采用多种治理工具，多管齐下。因此，总结和借鉴优秀的征地经验和创新政策，建立征地治理工具库，为基层政府提供多样化的征地治理工具和治理策略，能够为征地冲突的科学治理、有效治理创造条件。治理工具的储备与创新是保持治理灵活性的重要保障。正所谓"工欲善其事，必先利其器"，在熟练地掌握了各项治理工具的使用场景及可能产生的治理效果之后，便可以根据地方情境的实际情况来灵活选用治理工具，并在情境发生变化时进行灵活调整，避免征地过程中的灰色治理、暴力强征行为，使得基层治理更加有成效。

第八章

疏导—参与的积极协调模式

前文通过分析隐含于征地冲突之下各利益相关主体的行为逻辑，可以看到当前我国征地冲突的典型模式表现为，通融—顺从的消极冲突模式和压制—反抗的显著冲突模式。然而，在吸收了农民观点和参与的基础上，地方有效治理可能得以出现，从而开辟一个基层政府与被征地农民双方对话和农民参与市场活动的公共空间，实现基于地方性参与的冲突化解目标。

第一节　绿园社区案例：通过地方参与化解冲突

绿园社区隶属于绿园街道办事处，位于长沙市南门，是省级城市群规划核心区。目前已有超过四分之三的土地（4289.16 亩中的 3327.19 亩）被征收。在被征收土地中，36%用于建设国家机关办公楼，20%用于建设国家基础设施，25%用于住宅开发，其余19%（618.97 亩）用于失地农民的生产和生活安置。

绿园社区公共服务基础设施健全，集居住、休闲、娱乐、商务于一体，包含学校、户外健身广场、警务站、诊所、生鲜食品市场等，且绿园社区地理位置良好，位于相对繁华区域，大多数住宅楼的底层都用来经营店面，房子也更容易出租。由于城市规划的需求，绿园社区许多被征收的土地已用于建设国家机构办公场所，包括省委省政府、区委区政府、区人民法院、区人民检察院、区公安局等，这意味着绿园社区被各个重要政府机构所包围。在这种客观条件的约束下，周边地区的地方官员更倾向于对失地农民采取开放态度，以维持稳定。绿园社区街道办事处建立信访接待室，街道办事处领导，包括书记、副书记、副主任、城市建设和开发办公室主任以及该区指派的专员，都轮流到场接待失地农民。当地政府希望能够解决失地农民的需求，避免将冲突移交给上级政府。

在绿园社区土地征收过程中，一位积极分子——谭女士，发挥了十分显著的作用。她以不与当地政府妥协、不顾自身利益，为维护绿园社区所有失地农民的利益而闻名，6 年前被选为该社区的群众代表，目前为该区人大代表和社区委员。多年来，她仅凭初中学历自学相关法律知识，不仅研究了与土地征收有关的政策和法律，还学习了信访条例、劳动法、社会保障法和物权法。她在社区政策宣传方面起着非常重要的作用，失地农民对她极其信任。例如，省政府下发了 53 号文件，其中规定，如果农村集体经济组织无法安排其他农村土地用于失地农民安置，则必须支付每户不低于分配给集体的补偿金的 75%。这份文件发出后，谭女士复印了 660 份，分发到社区的每户人家。

在谭女士的努力下，绿园社区成立了一个关于失地农民安置问题的议事会，尽管由于国家对社会组织的法律限制，其进一步发展受到阻碍，但也不可忽视其对解决失地农民问题所发挥的积极作用。2002 年，绿园社区失地农民发现安置安排相当不合理。谭女士带领几名失地农民到区信访局，了解到执行的是一项过时的政策。于是，一个自发的议事会成立了，议事会成员向区国土资源局土地征收办公室申请行政复议，但他们的申请被拒绝了，随后他们向市政府提交了一份请愿信，并得到市长的"指示"。2003 年，副市长亲自来到绿园社区主持土地征收工作，并成立了审计组核实补偿资金，发现不同家庭所获补偿不一致，部分干部家庭或有特殊关系的家庭，每亩多补助了 736 元。然而，以上措施未促使街道办事处解决相关问题。在咨询了资深律师后，2004 年，谭女士带领 27 名失地农民到国家信访局上访，并得到了进一步的"指示"，最终使得市政府和街道办事处与失地农民谈判协商，为每名失地农民提供了 15800 元的补助，独生子女家庭另获得额外补助 3800 元。从那时起，议事会就一直在为留用地的充分分配而努力，并自主引进开发商进行开发，将经济利益公平分配给社区中每一个失地农民。这样，绿园社区中的失地农民就能够获得长期、有保障的收入。因此，多年来社区几乎没有上访事件发生。她的案例表明，一个尽责的积极分子在社区安置中所能发挥的作用有多么重要。

另一方面，绿园社区的基层政府也对征地工作采取了战略性转型。其中的一项突出举措是，将失地农民，特别是那些在社区内享有声望的农民纳入基层行政系统的运作。当地政府试图在社区成员的权威和动员潜力与社区干部的经验和正式机构作用之间取得平衡。谭女士成为区人大代表的"干部"后，久而久之也成为当地政府和失地农民之间的中间人。正如她所说："如果区和街道办事处的官员在处理当地失地农民方面有困难，他们总是会咨询我。"失地农民也会听取她的意见，在某次事件中，由于谈判不顺利，绿园社区的失地农民试图阻止一个开发项目。谭女士将他们召集在一起，陈述依法维权的必要性及违犯后果，之后便没有人再参与阻滞活动了。通过这样的方式，政府充分借助当地积极分子之力对征地冲突进行有效管理。

绿园社区的案例有三点启示：第一，基层政府要更多运用合法性和理性说服的基本策略，表现出对失地农民的尊重和开放的态度；第二，基层政府应选择社区中享有声望的成员作为内部动员的有力支点；第三，一定程度的组织化能够大大提高失地农民的利益表达能力，有利于形成失地农民与基层政府之间的有效沟通与协商。

第二节　疏导—参与模式的实现路径

根据绿园社区的案例，推动疏导—参与的积极协调模式，是预防和化解征地冲突的有效路径。

一、对农民意见保持开放尊重的态度——构建环境

诉求表达是协调利益关系、调处社会矛盾的前提。当基层政府态度明朗开放，真正为失地农民需求做出了举措，建立自上而下民意听取解决、自下而上民声反映的机制，对失地农民的诉求保持包容欢迎的状态，及时妥善地处理群众的合理诉求，及时反馈处理结果时，能够有效避免问题转移到上级，以最小的成本化解冲突。

二、发挥群众领袖人物的作用——确保方向

被征地农民受自身文化水平、思维方式等限制，往往不能正确认识自己所具有的权利和义务。在这种情况下，能够代表被征地农民利益、勇于向上表达合理诉求、拥有系统专业知识的群众精英能发挥重要的宣传和引领作用，为被征地农民指明方向，促使他们以合理的方式维护自身权益。第一，他们能帮助被征地农民理解自身哪些权益受到侵害，引导农民参与利益诉求的表达；第二，他们帮助被征地农民厘清哪些属于义务履行范围，从而避免因农民理解不到位造成的不必要的矛盾冲突；第三，让农民了解合法维权的途径，而非采取错误甚至违规违法的方式，从而有效避免矛盾冲突升级。

三、加强被征地农民的组织性——增强力量

力量相当是关系对称、互利互惠、互谅互让的基本条件。被征地农民集合起来，有组织有系统地行动，能够最大化发挥合力，提升与政府的抗衡协商能力。即使不是完全平等的关系，也能促使地方政府无法忽视被征地农民的需求，不轻易采取置之不理或强硬压制的措施，这是转变征地过程中二者角色关系的重要条件。

四、将享有声望的主体纳入行政系统——融合沟通

在失地农民中具有声望的人加入基层行政系统的运作，两栖的身份使其在治理中扮演着关键的桥梁作用。一方面，在被征地农民中间享有

声望的成员更为了解农民的诉求和想法，农民对这类人员也更为信任，能强有力提高沟通的效率和质量；另一方面，将这类人员纳入基层行政系统中，能够将农民的合理诉求通过正式的渠道向上传达。可以说，这种方式使得被征地农民与政府形成了"你中有我、我中有你"的融合嵌入模式，达到真正共通互动的状态。

第三节　失地农民利益诉求表达提升路径

绿园社区失地农民作为一个具有一定代表性的有组织的群体，已经转向了合法的利益诉求方式，而地方基层政府目前主要通过合作的方式履行职责。随着时间的推移，在绿园社区中出现了更有组织、更有成效的互动。由此可见，失地农民问题的核心是基于土地的权利和利益问题，这是理解失地农民利益表达问题的基本前提。失地农民将特定的利益诉求，特别是经济利益作为其维权行动的目标，因此，要实现基于疏导—参与的积极协调模式，首要条件是疏通失地农民利益诉求表达路径。

一、提高以农业生产为主的农民在人大代表中的比例

人民代表大会制度是我国的根本政治制度，能体现人民意志、反映人民要求，在征地问题上也应成为失地农民参政议政、表达利益诉求的最佳途径和长效机制。而当前情况是人民代表中以农业生产为主的农民人数过少，无法更集中有力地将失地农民的利益诉求传递给国家决策机

关。因此，有必要增加全国人民代表大会代表中从事农业生产的农民比例，以确保失地农民可以通过人民代表大会有效地表达自己的利益，增强农民群体的政治地位。有学者建议从人大代表选举方法上做创新，如基于行业选举以增加农民代表被选举的可能性，对在差额选举中落选的农民合理使用机动名额，确保在以农业生产为主的农民中有一定数量的人大代表产生。

二、完善失地农民利益表达的社会化机制

在征地冲突中，农民始终处于弱势地位，是由于其博弈力量有所缺失，农民个体因为受教育程度、经济收入等原因力量非常微小，所以需要提高组织化程度，集中分散的力量，从而更为有效和有力地传达自身利益诉求；应培育农民利益表达的有效组织载体，加快专门为农民代言的社会组织建设。有了组织，农民就可以在征地过程中与政府进行有组织的对话，发挥凝聚力，发挥群体的作用，提高被征地农民的谈判和博弈能力，减少农民与基层政府之间的直接冲突，可以有效遏制大规模的群体性事件。

合理定位村委会的职能，强化村委会的自治功能。村民委员会是群众自治的组织，在现阶段农村社会结构中占有重要地位，本应是维护农民利益的代言人。因此，如果村民委员会干部能够承担起农民代表的职责，农民群体将有一大批有力量的发言人。此外，应支持建立农民协会作为代言组织。农民协会是农村社会的民间组织，是农民自愿参加的自治性非政府组织，旨在专门为农民服务，发挥其应有的协调、整合作用。

第九章

研究总结与展望

本研究以"制度适应理论"视野下的征地冲突及其解决机制为研究主题，分别从征地冲突的脉络、制度适应的逻辑、地方实践的探索、征地冲突的机理、冲突化解的路径等方面进行多维度阐释（图9-1）。本研究在系统分析征地冲突现状的基础上，通过梳理征地冲突的宏观历史进程揭示其基本特征，进而从征地冲突相关方的行为、原因及其治理等方面梳理征地冲突的研究进展。本研究依据制度适应的梳理、制度适应的运用，结合地方实践的探索，剖析制度文本与情境的不适应、利益相关主体的不协调，并从制度适应视野下征地冲突的化解、疏导—参与的积极协调模式等方面提出冲突化解的路径。

本研究在分析征地冲突现状时指出，征地冲突引发的问题既包括补偿、安置等在内的即时性问题，又包括就业、福利、市民化、适应性等在内的可持续生计问题。征地给失地农民带来的问题复杂多样，并且相互牵连、相互依存，这些问题如果没有得到妥善解决，必然导致层出不穷的冲突，引发各种群体性事件。征地冲突是各种利益纠纷长期积累所形成的，由征地冲突引发出来的各种次生问题是我国城市化进程不可避免的累积性社会问题，需要协调统筹多方力量进行持久战。本研究在梳理征地冲突研究成果的基础上指出，对征地冲突各方的行为研究需要运

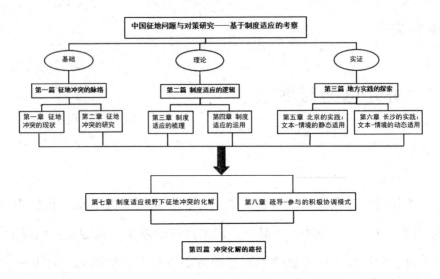

图9-1 本研究整体脉络总结

用更多元的理论模型，才能更全面地分析丰富复杂的行为，加深对征地冲突中各方行动的理解；对于征地冲突产生因素的研究应在实证研究的基础上进一步探讨理论来源，探究理论创新；防范治理研究需要探讨建立征地稳定风险评估指标体系的统一标准，加强防范绩效问题研究；应当从历史的角度、发展的角度、实证的角度不断完善征地冲突内在机理分析研究，提出客观性、全局性、发展性的政策建议。

本研究对制度适应的梳理为制度适应的运用奠定了基础，强调以坦诚开放的态度看待形势，将政策形势当作一种现象，强调把经验、考虑拿到情境中去讨论，以此了解现实生活中的体制及实践，强调将参与后的体验纳入政策分析，为政策分析开拓新的视野，将制度概念化为由文本和情境之间不断的辩证法构成的现象。通过对北京大兴国际机场的实地调研，研究发现征地拆迁是一个资源重新配置的过程，旨在以最低成本获取土地的地方政府将不可避免地与寻求更高市场价值的农民发生冲突。征地制度能否落实的根本在于市场化倾向能否与社群生活的集体自然属性相调和，北京大兴国际机场征地拆迁中促使政策文本与当地文化实践相适应的举措，与私有化的市场导向和长期遗存的集体主义的社会政治偏好之间的适应性是相辅相成的。通过对长沙高新区的实地调研，研究发现长沙高新区的征地文本与社会情境存在较大差距，征地冲突一触即发。为弥合文本与情境之间的间隙，基层干部采取了多种基层治理手段，在一定程度上弥合了文本与情境之间的间隙，化解了征地冲突。

本研究提出征地冲突化解的政策创新路径。在征地冲突频发的背景下，制度适应理论的分析视角强调制度文本与情境之间的契合。制度的文本建构是基础，而制度最终能否得以落地实施则取决于对现实环境的理解和适应，进而决定了能否有效化解征地冲突，实现对征地过程的良性治理。鉴于此，本研究分别从制度文本的建构、对制度情境的适应和良治的实现三方面来探讨征地冲突化解的路径，进而提出征地过程中应对冲突的疏导—参与的积极协调模式。

至此，本研究实现了以征地问题的制度适应理论解释为突破口，突破当前我国征地冲突问题的研究瓶颈，制度适应视野为征地冲突化解提供了更具操作化的政策创新路径。可见，制度适应理论作为一种公共政策分析的解释框架，不仅有助于推动公共政策分析的进一步发展，而且具有很强的对现实治理问题的解释力。今后的研究将进一步发展制度适应理论，作为国家—社会二元解释框架的补充，做更精细的中国研究，讲流传更广的中国故事。

参考文献

一、中文文献

专著

[1] 李连江，欧博文. 当代中国农民的依法抗争 [M] //吴国光，等. 九七效应. 香港：太平洋世纪研究所，1997.

[2] 王伟光，郭宝平. 社会利益论 [M]. 北京：人民出版社，1988.

[3] 夏征农，陈至立. 辞海 [M]. 上海：上海辞书出版社，1999.

[4] 郑也夫. 代价论：一个社会学的新视角 [M]. 北京：生活·读书·新知三联书店，1995.

[5] 周诚. 土地经济学原理 [M]. 北京：商务印书馆，2003.

译著

[6] 伽达默尔. 真理与方法 [M]. 洪汉鼎，译. 上海：上海译文出版社，1999.

182

［7］詹姆斯·斯科特．农民的道义经济学：东南亚的反抗与生存［M］．程立显，刘建，等译．南京：译林出版社，2001．

期刊

［8］鲍海君，方妍，雷佩．征地利益冲突：地方政府与失地农民的行为选择机制及其实证证据［J］．中国土地科学，2016，30（8）．

［9］鲍海君，赵佳茜，羊一帆．征地冲突的复杂性及主体刺激：反应模型［J］．中国土地科学，2012，26（10）．

［10］常健，毛讷讷．新时期中国公共冲突的变化趋势及其治理策略［J］．中国行政管理，2019（5）．

［11］陈尔彪．被征地农民安置问题探讨：基于广东省的调查［J］．中国行政管理，2012（6）．

［12］陈尔彪．被征地农民社会保障存在的问题及建议［J］．中国劳动，2011（9）．

［13］陈发桂．嵌入性治理：公众利益诉求理性表达的路径探析：以基层征地拆迁纠纷为视角［J］．新疆社会科学，2011（5）．

［14］陈浩，陈雪春，谢勇．城镇化进程中失地农民职业分化及其影响因素研究［J］．中国人口·资源与环境，2013，23（6）．

［15］陈俭．城市化进程中失地农民权益保障问题及对策：以河南省为例［J］．河北经贸大学学报，2012，33（2）．

［16］陈美球，李志明，刘桃菊等．失地农民市民化现状剖析与对策探索：基于南昌市红谷滩新区沙井街道的调研［J］．中国土地科学，2013，27（11）．

［17］陈明．土地冲突：公共权力失范与农民的权力建构［J］．中

国农村观察，2016（3）．

　　［18］陈明．选择性抗争：农民维权的一个解释性框架：基于皖北 X 县 Y 镇三位农民维权过程的比较分析［J］．中国农村研究，2014（2）．

　　［19］陈晓宏．失地农民创业的主体性、现实路径及对策研究［J］．中共福建省委党校学报，2005（12）．

　　［20］陈占锋．我国城镇化进程中失地农民生活满意度研究［J］．国家行政学院学报，2013（1）．

　　［21］丁菲．兴城市滨海新区失地农民市民化问题及对策研究［J］．太原城市职业技术学院学报，2016（5）．

　　［22］丁宁，金晓斌，李珍贵，等．征地社会稳定风险评估规范化研究［J］．中国土地科学，2013，27（1）．

　　［23］董海军．"作为武器的弱者身份"：农民维权抗争的底层政治［J］．社会，2008（4）．

　　［24］高飞．集体土地征收中公共利益条款的法理反思与制度回应［J］．甘肃政法学院学报，2018（1）．

　　［25］郭玲霞，高贵现，彭开丽．基于 Logistic 模型的失地农民土地征收意愿影响因素研究［J］．资源科学，2012，34（8）．

　　［26］郭喜．被征地农民养老保障现状分析及政策改进［J］．中国行政管理，2012（5）．

　　［27］郭星华，曹馨方．从农民的心态变迁看征地纠纷的根本化解［J］．探索与争鸣，2019（12）．

　　［28］韩璐，鲍海君，邓思琪，等．征地冲突中多元利益主体决策行为的演化博弈模型与实证研究［J］．广东农业科学，2018，45

(12).

[29] 韩明珠. 城镇化背景下失地农民职业技能问题研究：以杭州市为例 [J]. 中国成人教育，2016 (7).

[30] 蒿婉姝，吴克宁，李晓白，等. 农村征地过程中的阶层冲突研究：以龙泉市土地纠纷为例 [J]. 中国土地科学，2008 (8).

[31] 贺雪峰. 如何理解征地冲突：兼论《土地管理法》的修改 [J]. 思想战线，2018，44 (3).

[32] 贺雪峰. 征地拆迁补偿不能片面理解：兼谈平度拆迁补偿案 [J]. 中国土地，2014 (4).

[33] 胡琴，吴克宁，王桂华，等. 基于征地试点的社会稳定风险评估体系探索：以定州市和和林格尔县为例 [J]. 中国国土资源经济，2018，31 (2).

[34] 霍有光，沈红梅. 利益博弈视域下农村征地冲突与化解路径 [J]. 农村经济，2015 (9).

[35] 纪晓岚，朱逸. 我国发达地区失地农民社会保障模式比较与对策研究 [J]. 毛泽东邓小平理论研究，2011 (2).

[36] 冀县卿，钱忠好. 人力资本、连带关系与失地农民城市适应性：基于扬州市失地农民的实证研究 [J]. 江苏社会科学，2011b (3).

[37] 冀县卿，钱忠好. 人力资本、物质资本、社会资本与失地农民城市适应性：基于江苏省 469 户失地农民的调查数据 [J]. 江海学刊，2011c (6).

[38] 冀县卿，钱忠好. 市民化后的失地农民对征地制度评价：基于江苏省的调查数据 [J]. 农业技术经济，2011a (11).

[39] 贾艳杰, 宋洋, 侯巧莲. 农地征收补偿与增值收益分配关系探讨 [J]. 天津师范大学学报 (社会科学版), 2018 (6).

[40] 江静, 胡顺强, 苗伟东. 北京近郊失地农民市民化现状研究：以来广营村为例 [J]. 北京工业大学学报 (社会科学版), 2011, 11 (1).

[41] 柯小兵, 何高潮. 从三层博弈关系看土地征收制度改革：基于某大学城征地案例的分析 [J]. 中国土地科学, 2006 (3).

[42] 黎广, 甄宏戈. 乌坎事件调查 [J]. 中国新闻周刊, 2012 (1).

[43] 李斌, 连宏萍. 征地政策转型与失地农民权利意识的发展 [J]. 新疆社会科学, 2008 (2).

[44] 李放, 崔香芬. 从社会政策视角探析被征地农民养老保障政策 [J]. 社会科学家, 2012 (3).

[45] 李飞, 钟涨宝. 人力资本、社会资本与失地农民的职业获得：基于江苏省扬州市两个失地农民社区的调查 [J]. 中国农村观察, 2010 (6).

[46] 李浩然. 政治机会结构视角下农村征地冲突及其优化 [J]. 广东土地科学, 2018, 17 (6).

[47] 李菁, 颜丹丽. 集体成员权和土地承包收益权的冲突与协调：稳定地权与不稳定地权的对比：以西水村第八村民小组两次征地补偿费分配为例 [J]. 中国农村观察, 2011 (2).

[48] 李倩, 张开云. 广州市新农保与被征地农民养老保险制度的衔接问题探讨 [J]. 广东社会科学, 2011 (5).

［49］李雅楠，谭术魁．征地类群体性事件防范绩效评估：理论与实证［J］．中国土地科学，2017，31（9）．

［50］李永友，徐楠．个体特征、制度性因素与失地农民市民化：基于浙江省富阳等地调查数据的实证考察［J］．管理世界，2011（1）．

［51］林乐芬，葛扬．基于福利经济学视角的失地农民补偿问题研究［J］．经济学家，2010（1）．

［52］林依标．福建省被征地农民留地安置的实践探索及政策建议［J］．农业经济问题，2014，35（8）．

［53］刘爱军．征地补偿：制度困境与路径选择［J］．理论与改革，2010（2）．

［54］刘成城，罗光宇．农村征地拆迁中的利益冲突与公共利益界定［J］．山东农业工程学院学报，2017，34（1）．

［55］刘广平，连媛媛，甄亚．基于社会网络分析的征地冲突形成动因研究［J］．系统科学学报，2019，27（3）．

［56］刘祥琪，陈钊，赵阳．程序公正先于货币补偿：农民征地满意度的决定［J］．管理世界，2012（2）．

［57］刘昕．城市化进程下失地农民社会保障问题［J］．财经界（学术版），2014（1）．

［58］刘忠，曹红．论我国农村土地收益制度现状与改革［J］．湖南警察学院学报，2014（6）．

［59］刘祖云，陈明．从"土地冲突"到"土地风险"：中国农村土地问题研究的理论进路［J］．中国土地科学，2012，26（8）．

［60］柳建文，孙梦欣．农村征地类群体性事件的发生及其治理：基

于冲突过程和典型案例的分析［J］.公共管理学报，2014，11（2）.

　　［61］马光选.征地拆迁冲突演化机理与治理机制的风险政治学考察［J］.云南大学学报（社会科学版），2015，14（6）.

　　［62］马贤磊，曲福田.经济转型期土地征收增值收益形成机理及其分配［J］.中国土地科学，2006（5）.

　　［63］慕良泽，赵勇.利益博弈：土地征收中多元主体的行为逻辑研究：基于文献梳理及其反思［J］.地方治理研究，2020（1）.

　　［64］聂鑫，汪晗，张安录.城镇化进程中失地农民多维福祉影响因素研究［J］.中国农村观察，2013（4）.

　　［65］彭开丽，朱海莲.农地城市流转对不同年龄阶段失地农民的福利影响研究［J］.中国土地科学，2015，29（1）.

　　［66］彭小霞.农村征地冲突法治化治理的问题与策略［J］.湖南农业大学学报（社会科学版），2018，19（5）.

　　［67］齐睿，李珍贵，李梦洁.被征地农民安置制度探析［J］.中国土地科学，2014，28（3）.

　　［68］齐睿，李珍贵，王斯亮，等.中国被征地农民安置制度变迁分析［J］.中国土地科学，2013，27（10）.

　　［69］钱忠好，曲福田.中国土地征用制度：反思与改革［J］.中国土地科学，2004（5）.

　　［70］秦立建，陈波，蒋中一.我国城市化征地对农民健康的影响［J］.管理世界，2012（9）.

　　［71］佘超.农民参与与征地冲突治理探讨［J］.青岛农业大学学报（社会科学版），2016，28（3）.

[72] 沈关宝，李耀锋. 网络中的蜕变：失地农民的社会网络与市民化关系探析 [J]. 复旦学报（社会科学版），2010（2）.

[73] 沈红梅，霍有光，张国献. 新型职业农民培育机制研究：基于农业现代化视阈 [J]. 现代经济探讨，2014（1）.

[74] 沈毅，刘俊雅. "韧武器抗争"与"差序政府信任"的解构：以 H 村机场噪音环境抗争为个案 [J]. 南京农业大学学报（社会科学版），2017，17（3）.

[75] 沈悦. 新农村建设中失地农民社会保障问题探要：昆山市失地农民社会保障问题调研及思考 [J]. 中国农学通报，2013，29（14）.

[76] 施淑君，段吉勇，郭亚平，等. 成都市拆迁补偿弹性研究：成因、影响及对策 [J]. 经济研究导刊，2016（10）.

[77] 苏玉娥. 城镇化进程中失地农民利益表达渠道存在的问题及对策建议 [J]. 西华大学学报（哲学社会科学版），2017，36（1）.

[78] 覃琮. 农民维权活动的理法抗争及其理论解释两起征地案例的启示 [J]. 社会，2013，33（6）.

[79] 谭术魁，齐睿. 快速城市扩张中的征地冲突 [J]. 中国土地科学，2011，25（3）.

[80] 谭术魁，齐睿，张红霞. 征地冲突后果评价与预警 [J]. 中国土地科学，2012，26（2）.

[81] 谭术魁，齐睿. 中国征地冲突博弈模型的构建与分析 [J]. 中国土地科学，2010，24（3）.

[82] 谭术魁，涂姗. 征地冲突中利益相关者的博弈分析：以地方政府与失地农民为例 [J]. 中国土地科学，2009，23（11）.

[83] 谭术魁，张南.地方政府防范征地冲突群体性事件话语研究 [J]．中国土地科学，2016，30（9）.

[84] 谭术魁.中国频繁暴发征地冲突的原因分析 [J]．中国土地科学，2008（6）.

[85] 汤夺先，高朋.城市化进程中失地农民的贫困问题及其治理 [J]．中国人口·资源与环境，2012，22（8）.

[86] 田柏栋，武泽江.土地征收社会稳定风险评估机制 [J]．国土资源科技管理，2014，31（5）.

[87] 田北海，李春芳.供需均衡视角下的失地农民社会养老保险制度研究：基于对鄂、皖、桂、浙、鲁、冀、黔7省（区）的调查 [J]．华中农业大学学报（社会科学版），2013（1）.

[88] 王彩芳.集中安置的失地农民社会交往与城市文化适应 [J]．农业经济问题，2013，34（1）.

[89] 王慧博.失地农民市民化满意度分析 [J]．江西社会科学，2013，33（7）.

[90] 王慧博.失地农民市民化社会融入研究 [J]．江西社会科学，2011，31（6）.

[91] 王利蕊.完善农村土地增值收益分配机制的路径 [J]．农业经济，2015（7）.

[92] 王良健，陈小文，刘畅，等.基于农户调查的当前农村土地征收易引发的社会稳定风险评估研究 [J]．中国土地科学，2014，28（11）.

[93] 王伟，马超.基于可行能力理论的失地农民福利水平研究：

以江苏省宜兴市和太仓市为例 [J] . 农业技术经济, 2013 (6) .

[94] 王晓刚, 陈浩. 城郊失地农民城市适应性差的影响因素: 以郑州市为例 [J] . 城市问题, 2013 (2) .

[95] 王晓刚, 陈浩. 失地农民就业质量的影响因素分析: 以武汉市江夏区龚家铺村为例 [J] . 城市问题, 2014 (1) .

[96] 王晓刚. 失地农民安置模式的制度变迁及比较分析 [J] . 农村经济, 2014 (3) .

[97] 王晓刚. 失地农民就业: 现状、困境与安置模式 [J] . 学术论坛, 2012, 35 (10) .

[98] 王冶英, 赵娟. 论我国沿海地区失地农民社会保障法律体系的构建 [J] . 山西财经大学学报, 2012, 34 (S1) .

[99] 吴秋菊. 开发商介入征地拆迁: 形成机制与实践后果: 基于鄂东北Z村的考察 [J] . 华中农业大学学报 (社会科学版), 2015 (2) .

[100] 吴晓洁, 黄贤金, 张晓玲, 等. 征地制度运行成本分析: 以通启高速公路征地案例为例 [J] . 中国农村经济, 2006 (2) .

[101] 吴岩, 董秀茹, 王秋兵, 等. 失地农民生活水平评价体系构建 [J] . 中国土地科学, 2011, 25 (5) .

[102] 武心天. 浅析失地农民养老保险问题及对策 [J] . 中国劳动关系学院学报, 2011, 25 (2) .

[103] 肖建英, 谭术魁. 基于模糊评价法的征地冲突风险测评 [J] . 统计与决策, 2015 (5) .

[104] 谢勇. 土地征用、就业冲击与就业分化: 基于江苏省南京市失地农民的实证研究 [J] . 中国人口科学, 2010 (2) .

[105] 熊金武，黄义衡. 失地农民养老困局与对策浅析 [J]. 农村经济，2015（3）.

[106] 徐诗梦，叶群英，蒋梦琳，等. 互联网缓解征地冲突的"安全阀"功能：邳州市冲突案例的分析 [J]. 上海国土资源，2016，37（1）.

[107] 薛惠元. 被征地农民养老保障问题探析：以湖北省为例 [J]. 当代经济管理，2011，33（1）.

[108] 薛姣，林梦婷. 论新时代"枫桥经验"基层治理法治化建设的法理、路径与对策：以农村征地拆迁纠纷化解为例 [J]. 公安学刊（浙江警察学院学报），2018（5）.

[109] 严蓓蓓. 人的城镇化与失地农民城市适应性障碍之消除：以南京市江宁区为例 [J]. 人民论坛，2013（26）.

[110] 杨芳勇，沈克慧. 论房屋拆迁社会稳定风险评估体系的建立 [J]. 南昌大学学报（人文社会科学版），2012，43（6）.

[111] 杨文健，仇凤仙，李潇. 二元困境下的失地农民土地换保障问题分析：基于 NJ 市 D 拆迁社区的调查研究 [J]. 公共管理学报，2013，10（1）.

[112] 杨秀琴. 新一轮征地制度改革探索：创新征地安置制度与路径 [J]. 农村经济，2015（7）.

[113] 杨圆圆. 失地农民市民化相关问题研究：基于发达地区的考察 [J]. 农业技术经济，2011（11）.

[114] 姚俊. 失地农民市民身份认同障碍解析：基于长三角相关调查数据的分析 [J]. 城市问题，2011（8）.

[115] 应星. 草根动员与农民群体利益的表达机制：四个个案的比较研究 [J]. 社会学研究，2007 (2).

[116] 于宏，周升起. 城市化是否提高了失地农民的生活水平?：基于失地农民异质性视角下的实证分析 [J]. 经济管理，2016，38 (1).

[117] 于建嵘. 从维稳的角度看社会转型期的拆迁矛盾 [J]. 中国党政干部论坛，2011 (1).

[118] 于建嵘. 当前农民维权活动的一个解释框架 [J]. 社会学研究，2004 (2).

[119] 于建嵘. 当前我国群体性事件的主要类型及其基本特征 [J]. 中国政法大学学报，2009 (6).

[120] 于建嵘. 土地问题已成为农民维权抗争的焦点：关于当前我国农村社会形势的一项专题调研 [J]. 调研世界，2005 (3).

[121] 余嫚. 浅谈失地农民的社会适应问题 [J]. 现代化农业，2016 (7).

[122] 袁方，蔡银莺. 城市近郊被征地农民的福利变化测度：以武汉市江夏区五里界镇为实证 [J]. 资源科学，2012，34 (3).

[123] 袁方，蔡银莺. 城市近郊被征地农民的福利变化及个体差异：以江夏区五里界镇为实证 [J]. 公共管理学报，2012，9 (2).

[124] 原珂. 谈判的"一体两面"：基于邻避冲突与征地拆迁冲突的比较视角 [J]. 学习论坛，2015，31 (10).

[125] 曾凡军，江晓翠. 征地冲突：治理碎片化与整体性救治：以N市为例 [J]. 湘潭大学学报（哲学社会科学版），2019，43 (4).

[126] 曾国平，侯海艳，刘春鑫. 失地农民就业培训影响因素探析：以重庆市为例 [J]. 农业技术经济，2011 (6).

[127] 翟年祥，项光勤. 城市化进程中失地农民就业的制约因素及其政策支持 [J]. 中国行政管理，2012 (2).

[128] 张海波，童星. 被动城市化群体城市适应性与现代性获得中的自我认同：基于南京市 561 位失地农民的实证研究 [J]. 社会学研究，2006 (2).

[129] 张晖，温作民，李丰. 失地农民雇佣就业、自主创业的影响因素分析：基于苏州市高新区东渚镇的调查 [J]. 南京农业大学学报（社会科学版），2012，12 (1).

[130] 张劲松，杨颖. 论城郊失地农民社区的治理 [J]. 学习与探索，2013 (8).

[131] 张利国. 论城市化进程中失地农民权益的保护 [J]. 河北法学，2012，30 (1).

[132] 张南. 地方政府防范征地冲突群体性事件话语产生研究 [J]. 广西社会科学，2019 (8).

[133] 张士杰，杨昌辉. 快速城市化进程中失地农民安置问题研究：以皖江城市带江北产业集中区为例 [J]. 江淮论坛，2013 (4).

[134] 张寿正. 关于城市化过程中农民失地问题的思考 [J]. 中国农村经济，2004 (2).

[135] 张学浪，李俊奎. 困境与突破：城市化进程中失地农民利益补偿机制构建新探 [J]. 农村经济，2011 (3).

[136] 章惠琴. 上海深度城市化进程中被征地农民社会保障问题

研究［J］．社会保障研究，2012（3）．

［137］赵丹，黄莉鳗．失地农民生活满意度及影响因素［J］．西北农林科技大学学报（社会科学版），2014，14（3）．

［138］赵琴．居住空间分异及其对城郊失地农民城市融入的影响：基于贵州省凤冈县的调研数据［J］．农业经济问题，2015，36（9）．

［139］赵树凯．四分之一世纪的农民上访［J］．中国发展观察，2007（11）．

［140］折晓叶．合作与非对抗性抵制：弱者的"韧武器"［J］．社会学研究，2008（3）．

［141］郑晓茹，陈如．征地冲突中农民的"套路式"抗争行为：一个解释的框架［J］．湖北社会科学，2017（2）．

［142］郑雄飞．破解"土地换保障"的困境：基于"资源"视角的社会伦理学分析［J］．社会学研究，2010，25（6）．

［143］钟骁勇．征地冲突行为诱发因子及其影响因素的实证分析：以江西省新建区为例［J］．国土资源科技管理，2012，29（5）．

［144］周毕芬．社会排斥视角下的失地农民权益问题分析［J］．农业经济问题，2015，36（4）．

［145］周飞舟．生财有道：土地开发和转让中的政府和农民［J］．社会学研究，2007，No.127（1）．

［146］周易，付少平．生计资本对失地农民创业的影响：基于陕西省杨凌区的调研数据［J］．华中农业大学学报（社会科学版），2012（3）．

［147］朱力，汪小红．现阶段中国征地矛盾的特征、趋势与对策

［J］．河北学刊，2014，34（6）．

［148］祝天智，黄汝娟．公正视域的农村征地冲突及其治理［J］．理论探索，2013（4）．

［149］祝天智．农村征地冲突的整体性治理研究［J］．中国行政管理，2013（10）．

［150］祝天智．社会管理创新与农村征地冲突治理［J］．团结，2013（3）．

［151］邹海霞，李瑞．乡村社会冲突治理困境分析：以桂西北 X 村 G 项目征地拆迁矛盾化解为例［J］．广西大学学报（哲学社会科学版），2018，40（6）．

［152］邹秀清，钟骁勇．失地农民冲突意愿形成的心理感知影响因素研究［J］．资源科学，2013，35（12）．

［153］邹秀清，钟骁勇，肖泽干，等．征地冲突中地方政府、中央政府和农户行为的动态博弈分析［J］．中国土地科学，2012，26（10）．

论文

［154］陈莹莹．城镇化进程中失地农民就业问题研究［D］．北京：首都师范大学，2014．

［155］高银杰．农村征地型群体性事件的治理研究［D］．上海：华东政法大学，2017．

［156］何德海．中国失地农民就业问题研究［D］．长春：吉林大学，2012．

［157］胡冰阳．关于失地农民就业问题研究［D］．成都：西南财经大学，2013．

［158］胡雅婧．协同治理：我国征地冲突治理新方向［D］．南昌：南昌大学，2015.

［159］黄秋莲．我国乡村征地冲突的治理［D］．南宁：广西大学，2018.

［160］李正琦．上海市失地农民征地安置补偿问题研究［D］．上海：华东理工大学，2014.

［161］李泽刚．我国失地农民就业培训政策实施问题研究［D］．成都：电子科技大学，2013.

［162］李园园．我国城市化进程中城郊失地农民就业公共服务问题研究［D］．上海：上海师范大学，2013.

［163］刘明．引入 TRIZ 的中国农村征地干群冲突的解决机制研究［D］．成都：西南交通大学，2014.

［164］吕靖．城市化进程中失地农民就业安置的政府责任研究［D］．西安：陕西师范大学，2013.

［165］潘琳斌．城市化进程中失地农民安置补偿问题研究［D］．重庆：重庆大学，2012.

［166］齐睿．我国征地冲突治理问题研究［D］．武汉：华中科技大学，2011.

［167］王波．国有土地上房屋征收与补偿社会稳定风险评估研究［D］．南京：南京师范大学，2012.

［168］王照浩．新型城镇化视阈下失地农民就业问题研究［D］．济南：山东大学，2015.

［169］武靖茗．改革开放以来中国征地冲突的演变及其协调研究

[D].长春：吉林大学，2016.

[170] 席东欣.城市化进程中失地农民就业问题研究［D］.佳木斯：佳木斯大学，2013.

[171] 杨晨.土地征收社会稳定风险评估体系规范化研究［D］.天津：天津商业大学，2017.

[172] 张丽娜.城镇化进程中郑州市失地农民就业现状与对策研究［D］.合肥：安徽大学，2014.

[173] 章娇.城镇化进程中失地农民就业影响因素研究［D］.重庆：西南大学，2014.

[174] 周金荣.社会主义新农村建设中农民利益表达机制研究［D］.长沙：湖南大学，2012.

电子资料

[175] 北京大兴国际机场项目住宅房屋拆迁补偿实施方案［EB/OL］.［2015－05－18］.http：//bbs.25dx.com/thread－950702－1－1.html.

[176] 北京市大兴区人民政府关于印发大兴区集体土地住宅拆迁补偿标准意见的通知——征地拆迁——北京经济技术开发区［EB/OL］.［2004-01-02］.http：//kjj.bda.gov.cn/cms/tztg/42372.htm.

[177] 北京市人民政府.北京市建设征地补偿安置办法［EB/OL］.［2004-05-21］.http：//www.beijing.gov.cn/zhengce/zhengcefagui/201905/t20190 522_ 56579.html.

[178] 国务院.国有土地上房屋征收与补偿条例［EB/OL］.（2011－01－21）.http：//www.gov.cn/zwgk/2011－01/21/content_

1790111. htm.

［179］腾讯网 . 1949—2019, 长沙城市"长大"近 85 倍［EB/ OL］. 腾讯网, 2019-09-26.

［180］新湖南 . 再进一位！长沙高新区在国家高新区综合排名升 至第 11 名［N/OL］. 湖南日报, 2021-01-17.

二、英文文献

专著

［181］AOKI M. Toward a Comparative Institutional Analysis［M］. Cambridge, MA: MIT Press, 2001.

［182］HO P. Institutions in Transition: Land Ownership, Property Rights, and Social Conflliction in China［M］. Oxford: Oxford University Press, 2005.

［183］NORTH D C. Institutions, Institutional Change and Economic Performance［M］. Cambridge: Cambridge University Press, 1990.

［184］O'BRIEN K J, LI L. Rightful Resistance in Rural China［M］. Cambridge: Cambridge University Press, 2006.

期刊

［185］ACHARYA A. How ideas spread: Whose norms matter? Norm localization and Institutional Change in Asian Regionalism［J］. International Organization, 2004, 58（2）.

［186］ADAMS J S, BERKOWITZ L. Inequity in Social Exchange

[J] . Advances in Experimental Social Psychology, 1965, 2 (1) .

[187] ANDERSSON K, GIBSON C C. Decentralized Governance and Environmental Change: Local Institutional Moderation of Deforestation in Bolivia [J] . Journal of Policy Analysis and Management, 2007, 26 (1) .

[188] BROWN K. Integrating Conservation and Development: A Case of Institutional Misfit [J] . Frontiers in Ecology and the Environment, 2003, 1 (9) .

[189] DECARO D A, STOKES M K. Public Participation and Institutional Fit: A Social-Psychological Perspective [J] . Ecology and Society, 2013, 18 (4) .

[190] EKSTROM J A, YOUNG O R. Evaluating Functional Fit between A Set of Institutions and An Ecosystem [J] . Ecology and Society, 2009, 14 (2) .

[191] HUI E C, BAO H. The Logic behind Conflicts in Land Acquisitions in Contemporary China: A Framework based upon Game Theory [J] . Land Use Policy, 2013, 31 (1) .

[192] KALIKOSKI D C, VASCONCELLOS M, LAVKULICH L M. Fitting Institutions to Ecosystems: The Case of Artisanal Fisheries Management in the Estuary of Patos Lagoon [J] . Marine Policy, 2002, 26 (3) .

[193] KHANNA T, PALEPU K G, SINHA J, et al. Strategies that Fit Emerging Markets [J] . Harvard Business Review, 2005, 83 (6) .

[194] LEBEL L, NIKITINA E, PAHLWOSTL C, KNIEPER C. Institutional Fit and River Basin Governance: a New Approach Using Multiple

Composite Measures [J]. Ecology and Society, 2003, 18 (1).

[195] LEJANO R P, SHANKAR S. The Contextualist Turn and Schematics of Institutional Fit: Theory and A Case Study from Southern India [J]. Policy Sciences, 2013, 46 (1).

[196] LIAN HONGPING, RAUL P LEJANO. Interpreting Institutional Fit: Urbanization, Development, and China's "Land-Lost" [J]. World Development, 2014 (61).

[197] LIAN H, YIN B. The Land-lost Farmers and Local Government: Grassroots Governance in China's Urban-Rural Peripheries [J]. Journal of Contemporary China, 2020, 29 (124).

[198] LI L, O'BRIEN K J. Villagers and Popular Resistance in Contemporary China [J]. Modern China, 1996, 21 (1).

[199] LI Y, SHU B, SHI X, ZHU Y. Variation of Land-Expropriated Farmers' Willingness: A Perspective of Employment and Inhabitance [J]. Sustainability, 2017, 9 (7).

[200] MOSS T. The Governance of Land Use in River Basins: Prospects for Overcoming Problems of Institutional Interplay with the EU Water Framework Directive [J]. Land Use Policy, 2003, 21 (1).

[201] SAETREN H. Implementing the Third Generation Research Paradigm in Policy Implementation Research: An Empirical Assessment [J]. Public Policy and Administration, 2014, 29 (2).

[202] SHI L, VENDRYES T. Real Estate Activity, Democracy and Land Rights in Rural China [J]. China Economic Review, 2018 (52).

[203] SONG Y, WANG M Y, LEI X. Following the Money: Corruption, Conflict, and the Winners and Losers of Suburban Land Acquisition in China [J] . Geographical Research, 2015, 54 (1) .

[204] THOMAS K W. Conflict and Conflict Management: Reflections and Update [J] . Journal of Organizational Behavior, 1992, 13 (3) .

[205] TREML E A, FIDELMAN P, KININMONTH S, et al. Analyzing the (Mis) fit between the Institutional and Ecological Networks of the Indo-West Pacific [J] . Global Environmental Change-human and Policy Dimensions, 2015 (31) .

[206] VOLBERDA H W, VAN D W N, VERWAAL E, STIENSTRA M, VERDU A J. Contingency fit, Institutional fit, and Firm performance: A Metafit approach to Organization-Environment Relationships [J] . Organization Science, 2012, 23 (4) .

[207] ZHOU, CHAO, DAN BANIK. Access to Justice and Social Unrest in China' s Countryside: Disputes on Land Acquisition and Compensation [J] . Hague Journal on the Rule of Law, 2014, 6 (2) .

[208] ZHOU W, PENG Y, BAO H. Regular Pattern of Judicial Decision on Land Acquisition and Resettlement: An Investigation on Zhejiang' s 901 Administrative Litigation Cases [J] . Habitat International, 2017 (63) .

[209] ZHU Q, XUE J. Small Town Urbanization in Western China: Villager Resettlement and Integration in Xi' an [J] . Land Use Policy, 2017 (69) .